KB072975

블룸북 | 긍정심리학

ⓒ 로버트 비스워스 디너

초판 1쇄 발행 2017년 3월 8일

지은이 로버트 비스워스 디너
옮긴이 러닝 익스피어리언스 그룹, 송단비
감수 박정효
에디터 박정희, 임용대

펴낸이 박정효
편집 좋은땅 편집팀
펴낸곳 블룸컴퍼니(주)
출판등록 제2017-000040호
주소 서울 서초구 양재천로21길 9 5층(양재동, 화암빌딩)
전화 070-4618-2905
이메일 ask@bloomhappiness.com
홈페이지 www.bloomhappiness.com

ISBN 979-11-960417-2-4 (04180)
ISBN 979-11-960417-0-0 (세트)

이 도서의 국립중앙도서관 출판시 도서목록(CIP)은 서지정보유통지원시스템 홈페이지(http://seoji.nl.go.kr)와 국가자료공동목록시스템(http://www.nl.go.kr/kolisnet)에서 이용하실 수 있습니다. (CIP제어번호 : CIP2017005264)

INVITATION TO POSITIVE PSYCHOLOGY
긍정심리학
삶의 올바른 방향에 대한 과학적 연구

지은이
로버트 비스워스 디너

옮긴이
러닝 익스피어리언스 그룹, 송단비

감수
박정효

Table of Contents

Week 1
긍정심리학이란?

Week 1
긍정심리학이란?

긍정심리학 과정에 참여하신 여러분을 환영합니다. 여러분은 다양한 목적을 가지고 이 자리에 오셨을 겁니다. 성공적인 직장생활에 도움이 되는 새로운 방법을 찾고 있거나, 인간심리에 대한 긍정적 접근을 통해 우울감이나 문제상황을 새롭게 풀어갈 수 있는 방법을 찾고 있는 분도 계실 것입니다. 또는 친구로부터 이 과정을 추천 받으셨거나 행복과 관련된 책을 읽으면서 긍정적인 삶에 대한 관심이 생겼을 수도 있고, 실제 삶에 도움이 된 분도 계시겠죠. 어떤 목적으로 이 과정에 참여하게 되셨건 간에 여러분 모두에게 긍정심리학이 분명 특별한 도움이 되리라 믿습니다. 긍정심리학은 자기계발 가이드도 아니고, 그 동안 출판된 '긍정적 사고'에 관한 책을 포장만 새롭게 한 것도 아닙니다. 미국 스타일의 '행복학'이나, 잠시 유행하는 이론을 이야기하는 것도 아닙니다. 그렇다고 심리학 박사들만 이해할 수 있는 난해한 분야는 더더욱 아닙니다.

긍정심리학은 어떻게 하면 인간이 더 잘 살아갈 수 있을지 과학적으로 연구하고, 적용할 수 있는 실용적인 방법을 찾아가는 학문입니다. 긍정심리학의 연구 결과는 특정 대상이 아닌, 모든 인간의 삶에 적용할 수 있습니다. 십대부터 노년층까지, 기업 경영진부터 지역사회 전반에 걸쳐 다양한 연령과 경험을 가진 사람들을 대상으로 폭넓은 연구가 진행되고 있습니다. 그래서 긍정심리학에서 자주 활용되는 방식과 실제 적용 방법은 어떤 유형의 삶에도 모두 적용할 수 있습니다. 여러분은 현재 자신의 분야에서 활용해볼 수 있는 지식과 방법을 원할 겁니다. 여러분이 교육자, 치료사, 코치, 매니저, HR담당자, 의료프로그램 평가자 등 어떤 분야에 종사하든 분야에 관계 없이 긍정심리학은 적용해볼 수 있는 실용적인 방법을 알려드릴 것입니다. 더욱 강조하고 싶은 것은 이 과정에서는 여러분이 전문가로 활동하는 직업의 영역뿐만 아니라, 가정 생활에도 적용할 수 있는 방법을 안내해드린다는 점입니다. 지난 십여 년간의 긍정심리학 연구는 사람들이 어떤 상황(시간, 방법)에서 최선의 삶을 살게 되는지에 대해서 기존의 직관과는 다른 새로운 통찰을 제시하고 있습니다. 여러분은 이번 과정을 통해 긍정심리학 개론뿐 아니라 통찰을 바탕으로 정립된 최신 이론과 심리개입 방법까지 배우실 수 있습니다.

깊이 들여다 보면 긍정심리학은 획기적인 아이디어입니다. 저도 여러분처럼 앞으로 잘못될 수도 있는 일을 미리 걱정하거나 이미 지나간 일에 대해서 불평하기도 합니다. 이미 놓친 기회에 대해서 두고두고 자책하거나, 삶의 많은 장애물과 실망스러운 상황을 마주했을 때 좌절감을 느낍니다. 그런 생각들은 제 일상생활의 한 부분을 차지하고 있기도 합니다. 어쩌면 이런 걱정과 불평불만은 당연할 수도 있죠. 집값은 그칠 줄 모르게 오르고, 혼잡한 출퇴근길에 지치고, 조직문화에 실망하기도 하고, 고객과 동료, 상사 또한 우리를 가만히 두지를 않습니다. 하루하루가 고난의 연속입니다. 사실 연구 결과에 따르면 인간은 이러한 위협요소와 문제요소에 계속 주의를 기울인다고 합니다.

진화론적으로 볼 때, 주변환경에서 좋지 않은 일이 일어날 가능성을 살피고 경계태세를 갖추는 것은 어찌 보면 당연한 일입니다. 즉각적으로 대처해야 하는 문제상황도 분명 있습니다. 특히 역사적으로 봤을 때, 적자생존이란 표현을 통해 확인할 수 있듯이 환경의 위협적 변화에 더 잘 적응한 사람만이 살아남았습니다. 사람들이 긴장하며 경계태세를 갖추고 살피는 것은 내 앞에 놓인 얇고 긴 물체가 뱀인지, 나무 막대인지 구분해내거나, 생명의 위협을 주는 포식자를 알아채고 도망갈 수 있는 시간을 버는 데도 도움이 됩니다.

진화론의 오랜 역사적 관점에서 보면 이런 인간의 특징은 자연스럽지만 우리는 더 이상 독사와 날카로운 이빨을 가진 호랑이를 만나는 상황에 살고 있지는 않습니다. 따라서 이러한 특징은 우리의 현실과 더 이상 맞지 않습니다. 현실에서 느끼는 마감기한이 주는 압박, 소통의 어려움, 업무의 생산성 문제는 중요한 사안이기는 하지만 우리의 생존을 결정하는 삶과 죽음의 문제는 아닙니다. 마찬가지로 생존 자체가 도전이었던 산업화 이전의 부족민들에게 필요했던 경계태세가 현대의 평범한 도시근로자들에게는 그다지 중요하지 않을 수 있습니다. 그럼 이제 한 걸음 물러서서 문제상황을 경계하고 신경 쓰는 태도가 나에게 어떤 도움이 되는지 스스로에게 질문해볼 필요도 있습니다. 잘못될지도 모르는 문제에 신경 쓰고 집중하는 방식이 과연 나의 목적을 이루는 데 정말 도움이 되는 길일까요?

1.1 생각거리

아래의 몇 가지 중요한 질문에 대해서 충분히 고민해보고 자신의 생각을 작성해주세요.

1. 나는 가정과 직장에서 어떤 유형의 문제에 주로 신경을 쓰는 편입니까?

2. 잘못될 가능성이 높은 일들에 계속 주의를 기울임으로써 얻게 되는 좋은 점은 무엇인가요? 나의 이러한 성향은 문제에 대비하거나 대처하는 능력에 어떤 영향을 미치고 있나요?

3. 문제 중심 사고의 단점은 무엇일까요? 일어나지 않은 일로 염려하는 동안 내가 놓칠 수 있는 것은 무엇일까요?

긍정심리학은 앞의 마지막 질문에 대해서 매우 명확한 답을 줍니다. "긍정적인 면을 보세요. 잘 될 수 있는 부분에 집중하세요. 그리고 이 새로운 접근법이 내게 주는 장점과 이익이 무엇인지 확인해보세요"라고 말이죠. 긍정심리학은 비즈니스 상황에서도 잘 되지 않을 상황을 미리 계획하고 해결방안을 만드는 데 집중하기보다는, 우선적으로 사업의 기회와 성공요소, 강점을 보는 것이 더 유익하다고 말합니다. 그렇다고 저를 포함한 긍정심리학자들이 삶에 대한 긍정적 시각만이 옳다고 지지하는 것은 절대 아닙니다. 사실 미래를 정확하게 예측하고, 문제를 초기단계에 인지하여 난관을 지혜롭게 극복하는 경우도 많이 있지요. 하지만 우리는 실패나 언제 닥칠지 모르는 난관과 손실의 위험에 지나치게 집중하고 있는 것도 사실입니다. 긍정심리학에서는 여러분이 삶에서 긍정적인 방향으로 시야를 확대하면 인생이 더 윤택해지고, 풍성해질 수 있다는 점을 말하고 있습니다. 나아가, 인생을 장밋빛으로 보는 철학적 접근을 넘어 본질적인 해결안과 강점집중이 실제로 효과가 있다는 강력한 과학적인 연구 결과를 제시합니다. 더 자세한 내용은 다음 장에서 다루도록 하겠습니다.

긍정심리학이란 무엇인가?

긍정심리학은 세상에 없던 새로운 개념은 아닙니다. 한번쯤 철학을 접해봤다면 세기를 뛰어넘는 위대한 사상가들이 의미 있는 일과 선을 행하며 사는 도덕적인 삶에 대해 관심을 갖고 연구해왔다는 사실을 알고 계실 겁니다. 예를 들어, 고대 그리스의 철학자 아리스토텔레스는 니코마코스 윤리학이라는 저서에서 개인과 사회를 위한 행복한 삶을 제시하면서, 행복은 물질적으로 풍요로운 환경, 즐거운 느낌, 미덕을 따르는 삶에 있다고 했습니다. 그는 또한 시민으로서의 책임을 다하는 것도 개인의 성공에 중요한 부분임을 강조했습니다. 또 다른 고대 그리스 시대의 철학자들은 개인의 자유와, 쾌락 추구, 절제력이 행복한 삶의 결정적인 요소임을 강조했습니다.

역사 속 여러 영적 지도자들과 경전에서도 행복한 삶과 긍정의 특징에 대해서 강조하고 있습니다. 예를 들어 서구의 유일신 종교를 살펴보면 용서, 자기희생, 신념, 그리고 충성과 같은 덕목에 가치를 부여하고 있습니다. 경전에서는 이를 실천하면 현세의 성공이 따르고, 내세에도 복을 받는다고 말하고 있습니다. 최근 인본주의 운동의 선구적 사상가들은 인간의 성장 가능성에 집중하고 있는데요. 대표적인 인본주의 학자 아브라함 매슬로우 등은 인간이 자기 결정과 자아실현을 위한 노력을 할 수 있으려면 먼저 의식주 및 인간관계와 같은 인간의 기본 욕구가 채워져야 한다고 주장했습니다. 그리고 철학, 종교, 인본주의 심리학 모두 인간이 선을 추구하고 더 나은 사람이 될 수 있는 능력이 있음을 기본 전제로 하고 있습니다. 우리의 지적, 영적 선조들이 이미 현대 긍정심리학의 초석을 마련해주었다고 볼 수 있습니다. 긍정심리학이 앞의 철학적, 종교적 접근과 구별되는 점은 면밀한 경험적 연구를 바탕으로 하고 있다는 점입니다. 연구자들은 직관, 추론 또는 지혜에 의존하는 대신 실험으로 검증하여 관찰이 가능하고 설명할 수 있는 영역으로 눈을 돌렸습니다. 여러 면에서 긍정심리학자들은 추상적 믿음을 객관적 사실로 증명해내고 있습니다.

긍정심리학은 거창한 철학이 아닙니다. 긍정심리학은 과학이며 과학적 연구에서 일반적으로 사용되는 반복검증, 변수가 통제된 실험 환경에서의 인과관계 연구, 전문가들 간의 동료 평가, 표본 조사 등의 방법을 활용해서 사람들이 어떻게 하면 더 잘 살수 있을지, 언제 더 행복한지를 연구하는 학문입니다. 1990년대 말 미국 심리학회장이었던 심리학자 마틴 셀리그만은 다수의 심리학 연구 주제가 문제에 집중되어 있다는 사실을 깨달았습니다. 2차 세계대전 이후 몇 년간 정신적 외상과 우울증이라는 시급한 문제에 많은 관심이 쏠렸는데, 그때가 근대 심리학의 핵심 내용들이 확립되는 중요한 시기였습니다. 지난 반세기 동안 대다수의 연구와 심리개입은 불안증, 우울증, 정신분열증, 자살, 그리고 약물중독 등과 같은 중요한 문제를 해결하는 데 목표를 두었습니다. 셀리그만에 따르면 이 부분은 심리학의 일부 영역에만 해당되며, 그 내용도 정신건강보다는 정신병에만 집중되어 있었습니다. 셀리그만은 미덕, 행복한 삶, 도덕적 행동 등 삶에 대한 긍정적 시각을 이야기하는 철학적이고 종교적인 사상을 잘 알고 있었습니다. 그리고 이를 바탕으로 미국 심리학회장직을 맡으면서 문제 중심의 심리학뿐만 아니라 더 나은 정신건강을 위한 심리학을 향해 나아가야 할 때라고 주장했습니다. 그리고 회장직을 역임하는 동안 긍정심리학이라고 불리는 과학의 한 분야를 세우려고 노력했습니다.

초기 긍정심리학 연구는 긍정이라는 주제로 소수의 개성이 강하고 활동이 왕성한 연구자들에 의해 시작되었습니다. 그들은 희망, 행복, 놀이, 창의성, 지혜, 그리고 감사 등을 주제로 연구 활동을 하였습니다. 셀리그만은 이런 선구자들을 모으고, 최적의 삶을 사는 사람들에 대한 연구 논문들을 체계화하는 데 그의 영향력을 발휘하였습니다. 물론 그가 역사상 인간의 번영에 대한 연구를 처음 하거나, 긍정심리학이라는 용어를 만든 것도 아닙니다. 긍정심리학이라는 용어는 1954년 매슬로우의 저서에서 처음 소개되었는데, 그 이전에 먼저 사용되었을 수도 있습니다. 사실 근대 긍정심리학 연구가 초기에는 사회심리학, 성격심리학, 임상심리학분야의 학자들을 중심으로 이루어졌기 때문에 몇몇 영향력 있는 학자들은 이 연구에 함께 참여하지 못했습니다.

여기에는 인본주의 심리학자, 철학자, 코치, 스포츠 심리학자, 그리고 발달 심리학자 등 긍정심리학의 성장과 발전에 많은 기여를 한 연구자들도 포함됩니다. 그러나, 초기에 셀리그만과 선구적인 그의 긍정심리학 동료들은 과학적인 이해를 근간으로 새로운 통찰을 제공함으로써 행복한 삶에 대해서 역사적으로 논의하기를 희망했고, 마침내 그 꿈은 실현되었습니다. 경험적 연구의 토대, 긍정에 대한 강조, 셀리그만의 대중화 노력, 9 · 11테러 이후의 사람들의 심리변화 등 여러 다양한 이유로 긍정심리학은 대중의 관심을 얻게 되었습니다. 이러한 움직임은 삶의 의미, 강점 등 더 나은 삶을 위한 주제의 연구를 희망하는 학자들에게 연구 영역을 가정까지로 확대하게 해주었습니다. 더불어 비즈니스 영역에서도 동기부여, 생산성 향상 및 높은 성과에 대한 효과적인 통찰을 얻기 위해 긍정심리학에 관심을 갖기 시작했습니다. 교육자들은 학생들의 학습 효과 향상을 위해 긍정심리학을 적용해볼 만한 가치가 있음을 확인했습니다. 상담가들은 내담자가 문제를 극복하는 데 있어 강점을 활용할 수 있도록 돕는 것이 효과가 있음을 인지하게 되었고, 심지어 일반 대중들도 이 주제에 관심을 갖기 시작했습니다. 긍정심리학은 과학적 연구를 바탕으로 비전문가들을 위한 자기계발과 성장에 대한 새로운 접근법을 제공합니다. 비록 긍정심리학이 이야기하는 메시지가 매우 상식적이거나 오래 전부터 내려오는 자기계발에 대한 충고의 반복처럼 느껴질 수도 있습니다. 하지만 과학적 연구를 기반으로 신뢰할 수 있는 유용한 정보와 효과적인 방법을 제시한다는 사실을 눈여겨보아야 합니다.

초기 긍정심리학은 상대적으로 좁은 범위의 주제를 연구하던 미국의 다양한 연구자들을 중심으로 시작되었습니다. 그러나 지금은 전 세계에서 전문적인 연구가 활발하게 진행되고 있으며 계속해서 긍정심리학은 발전하고 있습니다. 이러한 변화가 매우 중요한 이유는 긍정심리학이 미국에서만 적용되는 연구라고 쉽게 오해할 수 있기 때문입니다. 또한 긍정심리학이 다른 문화권의 사람들에게도 적용될 수 있을지를 우려하는 사람들에게는 영국, 이스라엘, 네덜란드, 인도, 홍콩, 싱가포르, 한국 등 세계적으로 여러 나라에서 긍정심리학 연구가 진행되고 있다는 사실이 다행스럽게 다가올 것입니다. 긍정심리학이 전 세계적으로 관심의 대상이 되었다는 것은 단적으로 2007년 4월 영국의 워릭(Warwick) 대학에서 개최된 제1회 응용 긍정심리학 컨퍼런스(Applied Positive Psychology Conference) 사례만 보아도 알 수 있습니다. 이 컨퍼런스에 호주, 브라질, 아이슬란드, 일본 등을 포함한 24개국에서 230명의 대표단이 참석하였습니다. 나아가 국제적으로 공동연구와 협력을 높이기 위한 국제 긍정심리학회도 새로 설립되었습니다(www.ippanetwork.org). 초기와 비교했을 때 긍정심리학은 연구 방법이 더욱 발전하였고, 적용 범위도 확대되었으며, 보다 통일된 정체성을 확립해가고 있습니다. 이제 긍정심리학은 '인간이 어떻게 가장 잘 기능할 수 있는지를 과학적으로 연구하는 학문'으로 정의됩니다. 혹은 '강점, 낙관주의, 행복에 대한 과학적 연구' 또는 '삶의 올바른 방향에 관한 과학적 연구로 정의'되기도 합니다. 이러한 정의는 동일한 주제는 조금씩 다르게 표현되었을 뿐입니다. 모든 정의에서 과학적 토대를 강조하면서, 비임상적 시각에서 본 긍정이라는 주제를 담고 있습니다. 긍정심리학의 선구자인 미시건대 심리학자 크리스토퍼 피터슨은 긍정심리학이 크게 세 가지에 집중되어 연구되고 있다고 말합니다. 행복과 같은 주관적인 긍정정서, 성격강점과 같은 기질적 긍정성, 학교와 기업 등 조직의 긍정성이 그 세 가지 핵심입니다. 비록 공식적이지는 않지만 주로 이 세 분야 안에서 대부분의 긍정심리학 연구와 적용이 진행되고 있습니다.

시간이 지날수록 긍정심리학이 기초과학에서 응용과학으로 변화하고 있다는 사실은 매우 흥미로운 흐름 중 하나입니다. 초기에는 긍정, 낙관주의, 행복 등의 주제에 대한 연구가 진행되었다면, 지금은 그 연구 결과를 우리 삶에 어떻게 적용해야 할지를 고민하는 단계에 이르렀습니다. 즉, 강점을 개발하고, 행복과 긍정성을 증진시키고, 인간의 기능을 최적화하는 데 연구 결과를 어떻게 적용할 지를 탐구하고 있습니다. 다시 말해, 설명을 하는 단계에서 이제는 처방을 내리는 단계로 넘어갔음을 뜻합니다. 이제 긍정정서와 강점 등을 활용하여 효과적인 인간의 심리개입 활동을 설계하고 조직문화, 팀빌딩, 치료, 교육 커리큘럼 등 다양한 영역에 긍정심리학을 적용하고 있습니다.

긍정심리학이 효과가 있다는 사실은 정말 반가운 소식입니다. 다수의 연구가 강점기반의 가능성과 긍정정서의 중요성을 보여주고 있습니다. 예를 들어 학생들이 약점을 보완하는 데 에너지를 쏟는 것보다 자신의 강점을 활용할 때 성취도가 더 높다는 결과들이 나왔습니다. 정신분석과 같은 장기간 진행되는 상담기법에 비해 해결책 중심의 치료가 더 간단하며, 기업에서도 직원들의 우수한 특성을 파악해서 이를 활용하는 것이 더 큰 성과를 가져올 수 있다는 것이지요. 과학적으로 입증된 다수의 연구를 통해 긍정심리학은 자기계발 가이드나 일반적인 지혜들을 뛰어넘는 성과를 나타내게 되었습니다. 갤럽의 CEO인 짐 크리프톤은 "긍정심리학이 연구 결과로 입증된 내용이기 때문에 우리 조직에 적용하게 되었습니다. 만약 일을 더 잘하는 직원에게 호통치는 것이 효과적이라는 연구 결과가 나왔다면 우리는 그렇게 했을 것입니다"라고 말했습니다. 그의 말을 글자 그대로 해석하지 않더라도, 유니레버와 노르위치유니온과 같은 다국적 기업들이 코치, 치료사, 교육자들을 조직 내에 두는 사례를 보면 기업의 리더들이 긍정심리학에 주목하고 있음을 알 수 있습니다. 긍정심리학은 분명 효과가 있으며, 여러분들은 이 과정에서 긍정심리학의 효과를 직접 느낄 수 있는 기회를 얻게 될 것입니다.

왜 긍정에 집중하는가?

긍정심리학적 접근에 대해서 회의적인 시각을 갖고 있는 사람들도 많다는 사실을 짚고 넘어가고자 합니다. 저성과자에 집중하고 고객과의 문제를 해결하는 데에만 집중하는 등 잘 되고 있지 않는 문제에 집중하는 방법이 더 낫다고 생각하는 사람들이 있습니다. '왜 잘 돌아가는 일이 어때서? 잘 가고 있는 배를 굳이 흔들어 평지풍파를 일으킬 필요가 있느냐?'는 의미입니다. 지금처럼 내 약점을 고치는 데 집중하면 될 것을 왜 굳이 잘하고 있는 강점을 갈고 닦는데 시간을 허비해야 하는지 의아해합니다.

최근 포틀랜드대학교에서 한 학생과 있었던 일은 이런 관점을 잘 보여주는 한 예입니다. 학생들에게 자신의 강점을 하나 선택하고, 한 주 동안 테마로 삼으며 생활에 적용해보라는 과제를 내주었습니다. 어려움에 맞닥뜨리거나, 무언가 중요한 결정을 내려야 할 때, 좋은 성과를 내야 할 때, 나의 강점에 대해 생각해보고 어떻게 이 강점을 활용해야 그 상황에 도움이 될지를 생각해보라는 과제였습니다. 한 주가 지나고 학생들은 이 강점기반 실험의 결과를 담은 간단한 리포트를 제출했습니다. 제일 처음 읽기 시작한 리포트에 다음과 같은 글이 써 있었습니다.

> "이번 주 저는 나의 약점 중 하나를 골라서 보완하려고 열심히 노력했습니다. 물론 강점을 골라야 한다는 사실을 알았지만, 강점은 이미 당연히 제가 가지고 있는 것이기에 그것에 노력을 쏟는 것은 의미가 없다고 생각했습니다."

이 학생은 보고서에서 자신의 지각 습관에 대한 고충을 늘어놓았고 그 보고서에 대한 점수는 낮을 수밖에 없었습니다. 그 학생은 가장 중요한 핵심을 놓치고 있었습니다. 누군가에게는 일반적인 직관에 위배되는 일처럼 보일 수 있으나 사실 강점과 긍정을 활용하면 약점과 문제에 집중하는 것보다 더 많은 이득이 있다는 점을 깨닫지 못한 사례지요. 그래서 이 부분에 대한 흥미로운 연구 결과를 앞으로 여러분에게 소개하고자 합니다.

긍정심리학 연구자들이 크게 관심 갖고 있는 분야 중 하나는 기업과 조직입니다. 연구 결과를 보면 특히 직장 내에서 긍정적 접근이 얼마나 큰 힘을 발휘하는지 보여주고 있습니다. 갤럽은 몰입하지 못하는 직원으로 인해 고객을 잃고, 의료비와 이직으로 인해 발생하는 비용을 치르느라 회사가 한 해에 수십억 달러의 손실을 보고 있다고 말합니다. 이와 반대로 행복한 직원들은 더 높은 고과와 고객만족 평가를 받고, 정시에 출근하며, 동료를 도우면서, 더 많은 돈을 벌고, 건강한 가운데 문제를 창의적으로 해결해낸다고 합니다. 행복은 단순히 기분 좋은 감정에서 그치는 것이 아니라 나와 나의 고객, 회사에까지 긍정적인 영향을 주고 있음을 말해줍니다. 또한 갤럽 조사에서 유능한 관리자들은 생산성이 높은 직원들과 양질의 시간을 보내고, 직원들의 강점을 반영하는 프로젝트를 진행한다고 합니다. 그리고 '본인이 가장 잘하는 일을 매일 할 수 있는 기회'가 있을 때 직원들은 더 생산적으로 일한다는 결과도 나왔습니다.

긍정심리학은 직장뿐만 아니라 학교와 같은 환경에서도 효과를 보이고 있습니다. 교육자들은 학생들의 강점을 활용함으로써 학습 성취를 높일 수 있는 커리큘럼 설계에 대해서 고민하였습니다. 어린 학생들이 인성, 리더십, 회복탄력성, 그리고 감사하기 등 모든 영역을 배울 수 있는 프로그램이 설계되었습니다. 긍정적 기대에 잘 따라오고, 자신의 강점을 활용할 수 있는 기회를 통해 자존감을 향상시킬 수 있다는 인식이 학생들 사이에서 높아지고 있습니다. 미국 중서부에서 진행된 한 연구에서는 읽기 능력이 각기 다른 학생들을 대상으로 속독기법 수업을 진행했습니다. 기존의 약점 보완 관점에서 보면 이런 특별 프로그램을 통해 읽기 능력이 부족한 아이들이 더 많은 혜택을 볼 것이라고 생각할 수 있겠지만 사실 이 수업으로 읽기 능력이 가장 크게 향상된 학생들은 읽기 능력이 뛰어난 아이들이었습니다. 실제로 평균 분당 300단어에서 2,900단어 분량을 소화하여, 읽기 실력이 월등히 늘어났습니다. 근래에 호주와 북미에서는 긍정심리학의 관점을 모든 커리큘럼에 적용하여, 학생들이 자신만의 경쟁력을 갖출 수 있도록 도와주는 사립학교들이 늘어나고 있습니다. 제가 전에 몸담았던 응용 긍정심리학 센터(CAPP, Center for Applied Positive Psychology)에서도 학생들이 타고난 강점을 학습환경에 적용할 수 있게 도와주는 프로그램을 영국 학교들과 함께 진행하고 있습니다.

코칭과 치료 분야도 최근 긍정심리학이 관심 받고 있는 분야입니다. 비록 코칭과 치료는 서로 다른 분야이지만 모두 긍정 심리개입과 진단을 다양하게 적용하고 있습니다. 긍정적 변화와 가장 효과적인 삶을 사는 것을 목적으로 하는 코칭은 긍정심리학과 자연스럽게 연결되어 있고 코치들은 자신의 활동에 맞는 연구 결과들을 찾아 활용할 수 있습니다. 심리치료사, 상담가들도 문제해결 중심 접근의 효과에 관심을 갖기 시작했습니다. 마이클 프리쉬는 '삶의 질을 높이는 치료 및 코칭' 프로그램에서 새로운 긍정 코칭과 치료의 패러다임을 반영하였고 지속적으로 그 효과성을 검증하고 있습니다.

긍정심리학이 여러 분야에서 적용되고 있는 가장 큰 이유는 과학적 연구를 통하여 검증되었기 때문일 것입니다. 아직 검증되지 않은 새로운 접근법을 경계하는 클라이언트, 경영자, 컨설턴트들에게는 긍정심리학만한 학문이 없습니다. 과학을 기반으로 한 긍정심리학은 새로운 접근법에 대해 회의적인 클라이언트를 대상으로 긍정개입의 필요성을 설득해야 하는 컨설턴트에게도 유용합니다. 그리고 드디어 구체적인 연구 결과가 담긴 자료가 책으로도 출간되었으니 긍정심리학의 장점과 가능성을 설명할 때 근거자료로 활용하시면 됩니다.

긍정심리학에 대한 회의적 시각

화려한 통계분석이나 유명 학술지에 게재된 자료라 해도 모든 사람을 설득할 수 없습니다. 아직도 긍정심리학이 무엇이고 왜 필요한지를 이해하지 못하고 그저 지나가는 유행일 수도 있다고 생각하는 사람들이 많다는 점도 사실입니다. 긍정심리학이 마틴 셀리그만이라는 영향력 있는 인물을 중심으로 한 추종자들의 학파는 아닌지, 전체적 흐름이 너무 미국적인 것은 아닌지, 행복이라는 주제가 정말 중요한 사안인지, 우리의 전문 영역에서 관심을 가질 만큼 가치가 있는지 등의 여러 가지 회의적인 의문이 들 수도 있습니다. 주관적 안녕감(행복) 연구자와 긍정심리학 교육자로서 전 세계적으로 하는 워크샵이나 세미나, 패널 토론에서 이런 우려 섞인 질문들을 많이 듣습니다. 물론 이런 질문들도 때로는 필요합니다. 그리고 이러한 우려를 해소하기 위한 시도가 없었다면 저 자신도 긍정심리학에 대해 회의적이었을 것입니다. 결론적으로 말하자면, 이런 우려에 대해서는 걱정하시지 않아도 좋습니다. 긍정심리학이 일시적인 유행 혹은 미국이라는 한 나라에서만 통하는 방식에 불가했다면 이렇게 긴 이야기로 여러분의 시간을 쓸데없이 낭비하지 않았을 것입니다.

긍정심리학이 마틴 셀리그만이라는 개인을 넘어 오랫동안 지속될 분야인가에 대해서는 긍정심리학 프로그램이 있는 교육기관을 살펴보시면 더 명확해지실 것입니다. 다음은 전 세계에 신설된 긍정심리학 학위 프로그램의 예입니다.

- 펜실베니아 대학 응용 긍정심리학 석사 학위 과정
  www.sas.upenn.edu/lps/graduate/mapp
- 이스트런던 대학 응용 긍정심리학 석사 학위 과정
  www.uel.ac.uk/schools/psychology
- 캘리포니아 클레어먼트 대학원 긍정심리학 박사학위 과정
  (세계 최초로 긍정심리학 박사학위 과정 시작)
  www.cgu.edu/pages/4571.asp
- 전세계 다수의 대학에서 긍정심리학 과정이 개설되고 있음

긍정심리학 학술지

- Journal of Positive Psychology
  www.tandf.co.uk/journals/titles/17439760.asp
- Journal of Happiness Studies
  www.springer.com/social+sciences/quality+of+life+research/journal/10902

국제 긍정심리학 네트워크

- 국제 긍정심리학 학회 - www.ippanetwork.org
- 유럽 긍정심리학 네트워크 - www.enpp.eu
- 국제 삶의 질 연구 학회 - www.isqols.org

긍정심리학 관련 기관

- 응용 긍정심리학 센터(CAPP, Center for Applied Positive Psychology)
  www.cappeu.com
- 자신감과 행복을 위한 센터(Center for Confidence and Well-Being)
  www.centreforconfidence.co.uk/

25만 달러 규모의 연구 상금, 연구지원금, 4개국 이상에서 정기적으로 실시되는 컨퍼런스, 기업의 스폰서 등 긍정심리학과 관련한 다양한 지원이 있습니다. 전문기관, 컨퍼런스, 학술지 등이 역동적으로 새롭게 생겨나기 때문에 이후에도 발간되는 자료들을 찾아보시면 더 좋습니다. 이런 모든 활동들을 보면서 알 수 있는 분명한 사실은 긍정심리학은 점점 더 성장하고 앞으로 계속 지속될 분야라는 점입니다.

다시 한 번 말하지만, 긍정심리학이 전세계로 뻗어가고 있는 현실을 보면 장기적으로 주목을 받을 수 있다는 생각이 듭니다. 전세계 연구자들, 관리자들 및 임상가들이 다양한 문화를 배경으로 자신들의 의견을 제시함으로써 자칫 잘못하면 사라질 수 있었던 긍정이라는 주제에 다양한 문화에서 보는 시각을 추가하고 있습니다. 유럽의 긍정심리학 네트워크는 열정이 넘치는 구성원들과 함께 나날이 발전하고 있으며, 호주 학계에서도 이미 긍정심리학이 자리를 잡아가고 있습니다. 남미, 아프리카, 아시아 지역에서도 아직은 소규모의 그룹이지만 활발하게 활동하고 있습니다. 다양한 국가에서 논의가 진행되고 있다는 사실은 긍정심리학이 단순히 미국에만 적용되는 학문이 아닌 세계적으로 다양한 문화에서도 적절하게 활용할 수 있는 접근법임을 의미합니다.

긍정심리학의 가장 매력적인 점은 흥미와 재미가 있다는 것입니다. 긍정심리학의 효과를 직접 체험해본 사람들은 이제껏 경험해본 적 없는 매우 신선한 공기를 마시는 느낌을 받았다고 합니다. 원격으로 교육에 참여하는 분들과는 이런 느낌을 현장감 있게 나누지 못해서 매우 아쉽습니다. 여러분들이 긍정심리학을 세계적으로 광범위하게 진행되는 현상으로 이해하고, 보다 폭넓게 경험하시기를 기대합니다. 이런 마음으로 이번 첫 주에는 온라인으로 긍정심리학에 대해서 알아가고, 경험해보는 시간을 가지시길 권합니다.

1.2 한번 해보기: 온라인으로 긍정심리학 알아가기

긍정심리학센터(http://ppc.sas.upenn.edu/)

긍정심리학 친구(http://lists.apa.org)

유럽 긍정심리학 네트워크(www.enpp.eu)

긍정심리학 데일리 뉴스(www.positivepsychologynews.com)

각 사이트에서 알게 된 내용을 아래의 공간에 간단히 작성해보세요.

각각의 온라인 사이트를 방문해보면 긍정심리학에 열정을 갖고 활동하고 있는 다양한 사람들을 만나볼 수 있습니다. 여러분이 그곳을 통해서 만난 긍정심리학 전문가, 연구자들의 연구 결과들을 활용하면서 그들이 지니고 있는 긍정에 대한 열정이 여러분의 삶에도 영감이 되어 스며들기를 기대합니다. 바로 이번 주, 여러분이 이 영감을 마음에 담아 갈 수 있으면 좋겠습니다.

W1 핵심 포인트

1. 긍정심리학은 어떻게 하면 인류가 더 잘 살아갈 수 있을지를 위한 정신건강, 강점, 긍정정서, 긍정 조직 등을 연구하는 새로운 영역입니다.

2. 긍정심리학은 면밀한 문헌연구와 실험 연구를 토대로 하는 과학입니다.

3. 연구 결과에 따르면 내가 가진 강점에 집중하고 긍정요소에 주의를 기울이는 것이 약점을 극복하는 데 집중하는 것만큼 혹은 그 이상으로 유익하다고 합니다. 이 연구 결과는 교육현장, 기업 등 여러 영역에서 널리 적용되고 있습니다.

4. 긍정심리학은 일시적인 유행이 아닙니다. 긍정심리학과 관련하여 유수의 교육기관에서 대학원 학위 프로그램이 운영되고 있고, 연구 지원금도 제공되고 있습니다. 긍정심리학 전문 학술지가 발간되고 있는 사실만 보더라도 앞으로 이 분야가 지속될 것임을 알 수 있습니다.

주차별 소개

본 과정은 긍정심리학의 기본 주제를 폭넓게 다루고 있습니다. 먼저 2주차에는 실험으로 검증된 긍정심리개입과 함께 효과적인 적용 방법과 시기를 알아보겠습니다. 3주차에는 정서적 '행복의 성배'를 소개하고, 여러분의 클라이언트와 고용주들이 행복의 성배를 어떻게 얻을 수 있는지를 간과하고 있지만 그것이 왜 중요한지를 논의합니다. 4주차에는 강점으로 넘어가서 나만의 강점을 깨울 수 있는 새로운 진단을 재미있게 해보고 직장생활에 어떻게 적용할 수 있는지를 살펴봅니다. 5주차에는 어떻게 하면 희망과 낙관주의를 더 키울 수 있는지, 그리고 우리에게 주는 장점은 무엇인지를 다뤄 보도록 하겠습니다. 마지막으로 6주차에는 앞에서 다룬 내용들을 종합하면서, 여러분이 본 과정을 통해 얼마나 많은 성과들을 이뤄냈는지 확인해보겠습니다. 아마 여러분은 6주라는 짧은 기간 동안 얼마나 많은 내용들을 다루었는지, 그리고 여러분 자신의 삶에 어떻게 적용하게 되었는지를 확인하고 놀라실 것입니다

본 과정을 참여하면서 얻게 될 구체적인 지식과 기술은 아래와 같습니다.

- 긍정심리학에 대한 이해를 돕기 위해 연구 결과를 활용하는 방법
- 실험 연구를 통해 검증된 긍정심리개입을 효과적으로 활용하기 위한 방법과 시기
- 긍정정서가 주는 많은 유익
- 업무에 도움이 될 수 있는 새로운 강점진단법 활용
- 희망을 키우는 일의 중요성과 방법
- 새롭게 발전하는 긍정심리학의 내용을 놓치지 않고 지속적으로 활용하는 방법

1.3 생각거리

앞으로 배울 내용을 미리 확인하는 것처럼 본격적인 학습 시작 전에 나의 목표를 세울 필요가 있습니다. 목표가 있으면 그것을 향해 스스로 노력할 수도 있고, 이후에 어떤 변화가 있었는지를 가늠할 수 있는 기준이 되기도 합니다.

시간을 갖고 아래의 질문들에 대한 자신의 생각을 작성해주세요.

1. 왜 긍정심리학에 관심을 갖게 되었나요?

2. 구체적으로 긍정심리학의 어떤 점에 대해서 더 알고 싶은가요? 또, 무엇을 배우고 싶으신가요?

3. 긍정심리학에 대해 갖고 있는 개인적인 걱정이나 회의적인 생각이 있다면 무엇인가요?

4. 본 과정에 참여하면서 갖고 있는 목표를 구체적으로 작성해주세요.

5. 학습 목표

Week1 읽을거리

Chapter 1 and Chapter 2: Peterson, C. (2006). A primer in positive psychology. New York: Oxford University Press.
긍정심리학 프라이머, 크리스토퍼 피터슨(2006), 1장과 2장을 읽어보세요.

이 책의 서론인 1, 2장을 읽으면서 기억하실 것은 이 책의 저자인 크리스토퍼 피터슨은 긍정심리학회 운영위원으로 긍정심리학이 움트던 초기부터 점차적으로 발전해가는 모든 과정에 관여했다는 점입니다. 이번 주 읽을거리에서 제가 좋아하는 두 가지 포인트를 소개하고 싶습니다. 첫 번째 포인트는 "긍정심리학에는 교회 주일학교 선생님들이 알고 있는 내용 이상의 특별한 내용이 있는가?"라고 묻는 부분입니다. 당연히 있을 수 있는 질문이고 긍정심리학을 전문영역에 사용하기를 희망하는 사람이라면 이 질문에 솔직하게 공개적으로, 효과적으로 대답할 수 있어야 하죠. 책을 보면 아시겠지만 이 질문에 대한 대답은 "그렇다"입니다. 긍정심리학은 우리의 직관에 반하기도 하지만 일반적으로 적용해볼 수 있는 통찰을 제공합니다. 그리고 일반 상식의 영역을 훌쩍 넘어서는 깊이가 있습니다. 두 번째 포인트는 본 과정에도 해당되는 내용으로 "긍정심리학을 배운다는 사실은 스포츠 경기를 관람과는 다른 일이다"라고 이야기한 부분입니다. 여러분이 피터슨의 책 또는 본 과정을 그저 소극적으로 읽고 끝낼 자료로 생각하신다면 그건 아니라고 말씀 드리고 싶습니다. 피터슨과 마찬가지로 저도 그 반대라고 생각합니다. 긍정심리학에서 안내하는 방법은 보편적으로 적용해보기에 적절하고, 영향력도 매우 크기 때문에 그저 아는 것에 그치지 않고 반드시 경험해보아야 합니다. 여러분이 본 과정 중에 읽고, 성찰하고, 쓰고, 궁금해하고, 질문하고, 도전해보고, 그리고 적용해보면서 상호작용하려는 노력을 기울이시길 응원합니다. 여러분이 상호작용을 하면서 진지하게 실습에 참여하고 개념들을 깊게 생각해볼수록 이 과정에서 얻어가는 것이 많을 것임을 확신합니다.

Week 2
긍정정서의 힘

Week 2
긍정정서의 힘

지난 주에는 긍정심리학의 일반적인 주제들을 소개했습니다. 현대사회에서 긍정심리학이 어떻게 발달하였는지에 대한 역사적 배경을 살펴봤습니다. 그 중 가장 중요한 메시지는 다음과 같습니다.

1) 긍정심리학은 전통심리학의 필수적인 하위학문입니다. 왜냐하면, 긍정심리학에서는 행복, 낙관주의, 강점 등 모든 사람들에게 적용되는 다양한 주제들을 다루고 있기 때문입니다.
2) 긍정심리학은 과학이며, 높은 수준의 연구를 필요로 합니다.
3) 강점을 기반으로 긍정에 집중하는 것이 교육, 비즈니스 그리고 개인의 삶에 상당한 도움이 된다는 것이 밝혀져 왔습니다.

긍정정서의 힘

잠시 시간을 내 여러분이 과거에 강렬하게 겪었던 경험에 대해 생각해보세요. 그 격한 감정은 배우자에 대한 분노일 수도 있고, 교통체증에 갇혔을 때 느끼는 일상적인 짜증일수도 있으며, 자녀가 무언가를 해냈을 때 느끼는 자부심일 수도 있습니다. 어쩌면, 스포츠 경기를 보면서 느끼는 흥분되고 열광적인 감정일 수도 있고, 주말 오후에 정원을 돌볼 때 샘솟는 평화로운 감정일 수도 있습니다. 감정의 범위는 매우 놀라울 정도로 넓습니다. 한술 더 뜨면, 감정은 어떤 마법과 같은 속성을 가지고 있는 듯합니다. 예를 들어, 감정은 전염성이 있습니다. 친구가 무언가에 놀랄 때, 그 반응으로 인해 여러분도 놀랐던 경우를 생각해볼 수 있습니다. 또는, 그룹 내에서 한 명이 웃긴 생각에 재미있어 하면, 머지않아 모든 사람들이 웃게 되는 상황도 쉽게 생각해낼 수 있습니다. 또한, 감정은 기억과 연결되어 있으므로, 옛날 사진과 같이 옛 기억을 되살리는 뭔가가 있다면 다시 그 감정이 살아나곤 합니다. 이렇게 감정은 우리의 일상에서 엄청난 역할을 하면서도 종종 간과되기도 합니다. 사실, 감정은 유용하고, 강력하면서도 이로운 면을 지니고 있습니다. 요약하면, 감정, 특히 긍정적인 감정을 이해하는 사실은 매우 가치 있는 일입니다. 누구든지 성공을 위해 감정을 활용할 수 있기 때문이지요. 사실, 제가 지금 여러분께 꼭 하고 싶은 말은 바로 긍정정서가 여러분과 여러분의 고객, 동료 또는 학생들이 현재 간과하고 있는 가장 훌륭한 자원 중의 하나라는 점입니다.

2.1 연습하기: 감정 & 기억

오랜 시간 동안 보지 않았던 앨범을 꺼내보세요. 어린 시절의 앨범이거나, 결혼 앨범, 혹은 여행 사진일 수도 있습니다. 사진들을 보며 그때의 느낌에 집중해보세요. 그리고 나의 반응에도 집중해보세요. 혹시 웃고 있나요? 편안한 상태인가요? 꼿꼿하게 앉아 있나요? 또한, 감정이 변화하는 방식에 집중해보세요. 감정이 빠르게 변화하고 있나요? 비교적 변함이 없는 편인가요? 쉽게 파악되는 감정인가요? 또는 여러 감정들이 섞여서 느껴지나요? 느낌에 대한 생각을 아래에 자유롭게 적어보세요.

감정은 보편적이고 강력한 것임에도 불구하고 항상 좋은 평가만 받아 온 것은 아닙니다. 고대 그리스에서, 특히 스토아 철학자들은, 감정을 인간의 본성 중에서 매우 낮고, 동물적인 면이라고 표현했습니다. 위대한 사상가들에 따르면, 인간이 다른 종과 구별되는 특징은 감정을 누르고 조절하는 능력이라고 말했습니다. 이성적으로 생각하고 감정을 극복하는 능력이 미덕으로 여겼으며, 오늘날까지도 이 생각이 지배적입니다. 도덕 그 자체의 과정은 사람들이 결정을 내리거나 또는 행동을 하기 전에, 머릿속에서 규칙, 규범, 가치를 짚어보는 인지적 지적 과정으로 간주되었습니다. 이런 면이 우리의 일상 생활 속에서도 영향을 미치고 있음을 찾아볼 수 있습니다. 친구에게 상담을 해줄 때 "일을 명확하게 생각해", "냉정함을 잃지마", "이성적이 되어야 해"라고 말하거나, 되도록 "흥분하지 말라"고 충고할 겁니다. 이런 말들 속에는 많은 사람들에게 감정이란 현명한 의사결정을 내리는 데 혼란과 장애가 되며, 종종 사람들을 잘못된 방향으로 이끈다는 가정이 깔려 있습니다. 이성과 강점의 싸움에선 항상 이성이 이긴다는 식이지요. 감정에 대한 이런 냉소적인 관점은 특히 긍정적인 감정을 종종 순진하고, 가볍고, 이기적인 것으로 여깁니다. 소설가 귀스타브플로라브는 이렇게 말합니다. "행복에는 3가지 전제조건이 있는데, 어리석음, 이기심 그리고 건강이다. 하지만 이 중에 어리석음이 부족하면 모든 걸 다 잃게 된다." 유명한 비관주의자, 마르셀프루스트는 긍정적 감정에 대해 회의적이었습니다. 그는 "행복은 불행을 위해 존재한다"라고 말했지요.

감정이 안 좋은 평가를 받는 또 다른 이유는 바로 우울증 및 불안증과 같은 심리적 기분 장애 때문입니다. 우울증과 다른 병적인 질환들은 미디어에서 자주 공공연하게 이야기 되는 것들입니다. 대부분의 사람들은 우울증의 증가율과 항우울제의 복용법에 대해 익숙합니다. 심리적 문제가 고통스럽다 하더라도, 치료를 받아야만 한다는 말은 '감정은 통제할 수 있다'는 숨겨진 메시지를 전달합니다. 대부분의 우리들은, 한번쯤은 감정에 대한 편견에 빠집니다. 마치 판도라의 상자처럼 우리가 한 번 감정을 표출하기 시작하면 걷잡을 수 없이 쏟아져 나와서 우리의 삶을 망칠 것이라고 생각하지요.

2.2 연습하기: 감정에 대하여

감정이란 무엇이라 생각하나요? 그에 대한 믿음은 어디서 왔나요?

1. 어떤 편견이 감정을 좋지 않게 보게 할까요? 천천히 생각해보세요. 자신이 얼마나 감정적인 사람인지 생각해보세요. 어디서 이런 정서적 성향을 배웠다고 생각하나요? 우리가 감정을 표현하는 방식에 지금 우리가 속한 문화는 어떤 영향을 미쳤나요? 가까운 사람들 사이의 감정은 어떻게 여기고 있나요? 가족은 어떻게 여러분의 감정에 영향을 미쳤나요? 여러분의 답을 아래에 자유롭게 적어보세요.

감정에 대해 부정적인 관점을 가진 다수 언론은 감정에 대해 회의적 태도를 지녔을 때의 이로운 점을 고려하면서, 감정으로부터 한 발짝 물러 서있는 것이 가치 있다고 말합니다. "왜 우리가 감정을 지녀야만 하는가"라고 물어보는 것도 이해가 됩니다. 만약 감정이 매우 원시적이고 위험하다면, 혹은 감정이 문제를 쉽게 야기한다면 감정은 우리에게 어떤 이득이 있는 걸까요? 진화의 역사 속에서 생겨난 심리적 부속물인 감정은 작은 조각으로 남아 아직 우리가 스스로 제거하지 못한 걸까요? 감정은 부속물과 같은 것이며, 언제든 없어질 수 있는 쓸모 없는 작은 신체 기관일까요? 또는 감정은 엄지손가락 이상의 크기일까요? 적응력이 높고 유용한 걸까요? 여기서, 감정은 모든 잠재적인 문제에 대해 유용하며, 자원의 하나로서 최고의 방식으로 여러분을 위해 작용한다는 사실이 밝혀집니다.

왜 감정인가?

만약, 우리 몸에서 발이 균형을 잡게 하고, 혀는 맛을 느끼며, 손은 물건을 잡는 것이라면, 우리의 감정은 무엇을 가능하게 해줄까요? 바로, 감정은 우리 몸에 다양한 필수적 기능을 제공한다는 사실이 밝혀졌습니다. 감정은 우리의 기억하는 능력, 학습하는 능력 그리고 다른 사람들과 소통하는 능력과 연결됩니다. 스토아 학파를 골치 아프게 할지라도, 사실 감정은 도덕적 과정에 연관되어 있고, 우리의 생각이 옳고 그른지에 대한 정서적 가이드를 제공합니다. 감정의 가장 기본적인 기능은 우리의 삶에 추적시스템과 같은 역할을 해주는 것입니다. 일상 생활에서의 상호작용, 환경, 행동, 결정들은 광범위한 감정적 결과에 동반되는 것들입니다. 이런 관점에서 감정을 바라보면, 감정은 일련의 정보이자 피드백을 제공합니다. 기분이 좋지 않을 때, 여러분의 감정 추적 시스템은 삶에서 무언가 잘못된 사실에 주의를 기울이면서, 이에 주의를 기울이고 수정을 할 필요가 있다는 경고를 합니다. 반대로 기분이 좋을 때, 감정 추적 시스템은 모든 일에 이상이 없다는 확신을 주며, 그로 인해 여러분은 마음 편히 그 순간을 즐길 수 있게 됩니다. 그렇지만 그런 추적 시스템이 완벽하다고는 말할 수 없습니다. 우리 모두는 주변 환경을 잘못 인식하는 경험도 합니다. 가끔 우리는 친구가 한 이야기를 잘못 해석하여 화를 내기도 하고, 끼어드는 앞 차 운전자의 의도를 성급하게 넘겨짚기도 합니다. 때로는 텅 빈 어두운 길을 보며 특별한 위협 없어도 으스스한 기분이 들기도 하고, 별 이유 없이 기분이 가라앉아 우울해하기도 합니다. 이렇듯 감정이 우리에게 완벽한 피드백을 제공하지는 않지만, 감정이 주는 대부분의 피드백은 놀라울 정도로 잘 맞습니다.

또한 감정은 우리가 행동할 수 있게 하는 결정적인 동기가 되기도 합니다. 예를 들면 여러분이 기분이 좋지 않을 때, 뭔가 잘못되었다고 생각하는 것에 머무르지 않고 이를 해결해야겠다는 의지가 생기기도 합니다. 죄책감을 느낄 때는 여러분의 감정 시스템이 경고 신호를 보냅니다. 스스로의 가치 시스템을 위반 했을 때의 불쾌한 느낌은 여러분의 행동을 수정하도록 경고합니다. 예를 들어, 사무실의 소액 현금을 훔치는 일은 나를 약간의 부자로 만들어줄 수 있으나, 스스로를 형편없는 사람이라고 느껴지게 만듭니다. 이런 경우, 감정은 행동을 규제할 수 있도록 내부 사법 시스템과 같은 역할을 합니다. 두려움, 슬픔과 같은 감정도 동기부여를 이끌어 냅니다. 두려움이라는 감정은 어두운 주차장과 같은 위협적 상황을 피하게 합니다. "감정에 귀 기울여라"는 말은 행동의 변화가 필요함을 의미하기도 합니다.

감정의 기능은 특히 부정정서의 경우에 쉽게 찾아볼 수 있습니다. 심리학자들은 부정정서를 화, 슬픔, 죄책감, 두려움 등과 같은 불쾌한 감정으로 설명하고 있습니다. 누군가 우리들의 권리를 짓밟을 때 분노를 느끼며, 그 상황이 공격을 의미한다면 우리의 권리를 옹호하고자 움직입니다. 우리가 슬플 때는 낙심과 상실감을 경험하게 됩니다. 두려움을 느낄 때에는, 감정은 스스로를 보호하기 위한 강력한 동기로 작용하게 됩니다. 만약 감정이 고장 나서 아무도 분노와 죄책감, 그리고 슬픔을 경험하지 못하는 세상을 상상해보면 어떨까요? 아마 끔찍할 겁니다. 사람들은 죄책감 없이 서로 거짓말하고, 상처를 주며, 물건을 훔칠 겁니다. 그리고 서로를 짓밟으며 불의의 상황을 용납하게 되겠죠. 그리고 사람들은 원하는 직장에 떨어지거나, 배우자가 사망하더라도 특별히 동요하지 않을 겁니다. 즉, 부정정서가 없다면 사람들은 사회적으로 올바른 기능을 하지 못하게 될 것입니다. 진화론적 관점에서 보면 부정정서는 우리가 할 수 있는 생각과 행동의 반경을 좁힙니다. 우리가 위협적 상황 또는 문제 상황에 대면하였을 때, 진화되어 온 우리의 장점은 빠르게 움직이게 하며, 감정은 가능한 대응 방식에 제한을 주는 역할을 하게 됩니다. 여러분도 화가 폭발할 때, 이러한 과정을 분명 경험했을 것입니다. 대부분 우리는 이러한 상황에서 모든 가능한 대안과 결과를 따져보기보다는 바로 행동을 해버리는 경우가 많죠. 사람들이 언제나 최상의 선택을 한다고 말할 수는 없습니다. 분노는 되돌릴 수 없는 상처가 되는 말을 내뱉게 만들고, 두려움 때문에 위험을 감수하지 못해 성공으로 가는 기회를 놓치기도 합니다. 이런 이유로 감정은 좋지 않은 것으로 평가 받기도 합니다. 그렇지만, 가끔 실수가 있더라도 제대로 작용하는 감정 시스템이 있는 것이 아예 없는 것보다는 낫습니다. 가끔 나타나는 감정의 실수 때문에 감정 자체를 묵살하는 행위는 목욕물과 소중한 아이를 함께 버려 버리는 것과 마찬가지입니다. 감정 시스템 전체가 항상 제대로 역할을 하는지는 않습니다. 어떤 사람들에게는, 다양한 이유들로 인한 감정상의 문제가 존재하는데, 우울, 불안과 같은 임상질환들이 나타나기도 합니다. 어떤 사람들에게는 적절하게 기능하지 못하는 생물학적, 유전적 요인이 있을 수 있습니다. 또 어떤 이들은 삶이 너무 고통스러워서 감정 시스템 자체를 감당하지 못하고 망가져버렸을 수도 있습니다. 이런 경우는 심각한 상태로서 치료가 필요한 상황입니다. 하지만 치료는 감정이 원래 위험해서 필요한 것이 아니라, 그 감정이 너무 고통스럽고 감당하기 힘들기 때문에 필요합니다. 이런 경우를 제외하고 대부분 사람들의 감정은 정상적으로 기능합니다. 그 이유는 감정이라는 것이 매우 유용해서 감정이 함께 기능할 때 우리의 가정과 일, 사회가 제대로 기능할 수 있기 때문입니다.

2.3 돌아보기: 감정을 표현하기

보통 당신은 어떻게 감정을 표현하나요? 친구가 당신을 감정적이라고 하나요, 감정이 절제된 사람이라고 하나요? 슬픔과 같이 편안하게 느껴지는 특정한 감정은 무엇이며, 분노와 같이 편안하지 않은 감정은 무엇인가요? 위의 질문에 대해 시간을 두고 고민해본 뒤 자신의 생각을 아래에 자유롭게 적어보세요.

그렇다면, 긍정정서는 어떨까요? 긍정정서는 우리에게 어떤 것을 해줄 수 있을까요? 만약 부정정서가 인류의 진화에 도움을 주었다면, 긍정정서는 어떤 이점이 있을까요? 흥미롭게도 심리학자들은 대부분 긍정정서를 간과해왔습니다. 2차 세계대전 이후, 많은 심리학자들은 트라우마와 같은 긴급한 문제들과 전쟁 상황에 의해 발생한 심리질환들을 치료하는 데만 관심을 가졌습니다. 심리학은 대부분 임상훈련으로 발전하였고, 부정정서에 주로 초점이 맞춰졌습니다. 지금까지도 정서에 대한 연구 보고서를 보면, 부정정서에 대한 연구가 긍정정서에 대한 연구보다 25대 1수준으로 훨씬 많이 있습니다. 긍정정서는 어쩌다 우연히 생기는 감정이 아닙니다. 그리고 분명히 나름의 이점이 있습니다. 그렇지 않다면, 그저 부정정서가 없는 상태가 긍정정서가 되는 셈이 되지 않을까요?

엘리스 아이센 교수가 진행한 긍정정서에 대한 초기 연구에서는, 긍정정서가 주는 잠재적 기능과 관련하여 몇 가지 흥미로운 시사점을 제공하기 시작했습니다. 엘리스 아이센 교수와 연구진은 공중전화 부스에 동전을 두는 실험을 진행했습니다. 그리고 이 상황을 아무것도 모르고 전화를 걸기 위해 부스에 들어온 사람이 돈을 발견하면서 행운을 얻게 되었을 때, 아이센은 긍정정서가 실험자에게 어떤 영향을 미치는지를 기록했습니다. 엘리스 아이센 교수는 실험 상황에서 제3자가 전화 부스에서 나온 실험대상자 옆을 지나가며 책을 일부러 떨어뜨리도록 했습니다. 그 결과, 돈을 발견한 실험대상자들이 그렇지 않은 사람들에 비해 낯선 사람의 떨어진 책을 주워주려는 선의의 행동을 더 많이 한다는 사실이 발견되었습니다. 비록 예비 실험이었지만, 긍정정서가 뭔가 좋은 영향을 줄 수 있고, 실험대상자들의 선의의 행동과 연결될 수 있음을 보여주는 실험이었습니다. 최근 연구에서, 엘리스 아이센 교수와 동료들은 일부 의사들에게 초콜릿이 담긴 작은 간식 주머니를 주는 실험을 했습니다. 작은 깜짝 선물에 기뻐했을 의사들은 그 이후에 초콜릿 선물을 받지 않은 다른 의사들보다 훨씬 진단도 잘하고 신중하게 진료에 임한다는 사실이 밝혀졌습니다. 엘리스 아이센 교수의 이러한 획기적인 연구 덕분에 긍정정서가 우리 삶에 실용적일 수 있다는 생각을 할 수 있게 되었습니다. 하지만 이런 훌륭한 연구에도 불구하고, 아직 긍정정서의 기능이 확실하게 밝혀진 건 아닙니다. 분노와 죄책감은 동기와 행동 결과가 명확한 반면, 행복은 도대체 어떤 결과로 이어지는 걸까요?

노스캐롤라니아대학의 바바라 프레드릭슨 교수는 긍정정서의 힘에 대한 명쾌한 설명을 제시합니다. 부정정서가 우리의 생각과 행동의 폭을 좁히는 역할을 한다면, 긍정정서는 반대로 생각과 행동의 폭을 넓힐 수 있다고 이야기합니다. 다음에 소개될 연구에서는 이와 같은 내용이 사실임을 보여줍니다. '긍정정서의 확장과 구축 이론'에서, 프레드릭슨 교수는 긍정정서는 우리의 관심을 넓히고 역량을 강화하는 데 도움을 준다고 주장합니다. 부정정서가 진화론적 관점에서 현 시점의 위험과 문제들을 처리하는 데 도와주는 역할을 한다면, 긍정정서는 미래의 시점에서 위험과 문제들을 처리하는 데 도움을 줍니다. 또한, 긍정정서는 현 상황이 아무 문제가 없으며 우리가 마음껏 흥미, 즐거움, 취미들을 추구할 수 있음을 말해줍니다.

긍정정서가 있을 때 우리는 더 많은 호기심과 흥미를 느끼고, 새로운 활동을 시도하게 되고, 새로운 기술을 개발할 수 있게 됩니다. 또한, 긍정정서는 사람들이 보다 창의적이고, 더 나은 문제 해결 방법을 제시할 수 있도록 해줍니다. 더 나아가, 긍정정서는 사람들을 사교적으로 만듭니다. 기분 좋은 정서를 느낄 때, 우리는 사람들을 찾고, 관계를 형성하며, 다른 사람들을 돕습니다. 마지막으로, 긍정정서는 부정정서로 인해 영향을 받았을 때, 다시 원래 상태로 되돌리게 합니다. 예를 들어 다른 사람을 돕는 일은 스트레스를 받고 난 후 올라간 맥박과 혈압을 정상적인 상태로 빠르게 돌아올 수 있도록 합니다. 긍정정서는 사회적 관계, 창의성, 기술, 호기심, 건강 등에 있어 모두 귀중한 이점으로 작용합니다.

이와 관련하여 바바라 프레드릭슨뿐만 아니라, 시카고 대학의 존 카시오포 교수는 얼굴 근육의 전기 자극에 대한 연구를 진행하였습니다. 그의 연구에 따르면, 많은 사람들이 의자 사진과 같은 중립적 자극에도 긍정적으로 반응했습니다. 그는 진화론적 관점에서 이와 같은 현상이 어떻게 적용되는지를 설명합니다. 만약, 우리의 고대 조상이 아무런 위험이 없는 숲과 같이 중립적인 환경을 긍정적으로 여겼다면, 그들은 더 많은 탐험을 시도했을 것이고, 실제 적이 나타났을 때 활용할 수 있는 땅에 대한 더 나은 지식과 건강을 얻을 수 있었을 것이라고 말합니다. 카시오포 교수는 이렇게 중립적인 대상을 긍정적으로 보는 성향을 '긍정상쇄효과'라 칭하며, 긍정정서가 이롭다는 사실을 더 확고히 하는 데 기여했습니다.

'긍정정서의 확장과 구축 이론'은 긍정심리학에서 나타난 매우 중요한 연구 결과임에 틀림 없습니다. 이 이론은 긍정정서가 논의할 가치가 있는 주제임을 보여주었습니다. 행복을 순진하고, 이기적이고, 얄팍한 것이라고 묵살해 온 회의론자들의 의견과는 흥미롭게도 대조를 이루는 사실이었습니다. 최신 연구들은 회의론자들의 주장과는 반대되는 결과를 내놓고 있습니다. 행복은 우리에게 가장 중요한 영역인 일과 인간관계 면에서 우리가 더 잘 기능할 수 있도록 돕습니다. 게다가 긍정정서의 가능성이 무궁무진해서 거의 모든 분야에서 성공을 위한 유용한 자원으로 활용될 수 있습니다. 즉, 긍정정서는 단순히 신비로운 학문적 관심 주제가 아닌 직장에서나 가정에서 직접 적용해 볼 수 있는 연구 결과입니다. 또한 이러한 연구 결과는 단순히 대학교수들이 복도에서 잡담처럼 가볍게 논하는 대화 주제가 아닌 여러분에게 직접적으로 영향을 미치는 중요한 사실들입니다.

이 연구 결과들은 매우 흥미롭고, 누구에게나 밀접하게 관련되어 있으며, 이해 가능한 이야기이고 궁극적으로는 우리의 삶에서 활용 가능한 것들입니다.

긍정정서의 직접적인 혜택

우리의 원시 조상에게 긍정정서가 도움이 되었을 것이라고 추정하지만 현대인의 삶에서 긍정정서와 관련된 방식을 적용하는 일은 조심스러울 수밖에 없습니다. 긍정정서는 호기심을 자극하고 선의를 불러일으킬 수 있다는 점에서 매우 바람직합니다만 과연 직장에서도 그 효과를 발휘할 수 있을까요? 우리는 대기업을 대상으로 한 긍정 심리개입에 대한 생각을 이성적으로 관철시킬 수 있을까요? 여러분이 컨설턴트, 매니저 또는 코치로서 CEO에게 지금 회사에 가장 필요한 것은 더 많은 웃음이라는 점을 설득시키기는 힘들다고 판단할 수 있습니다. 세월 좋게 '행복'에 대해서 논하다니 말도 안 된다고 생각할 수 있지요. 일반적인 감정과 마찬가지로 행복에 대한 평가도 그리 좋지 않았습니다. 많은 사람들에게 행복은 바보 같은 것, 현실에 안주하는 것, 순진한 것과 유사한 의미로 받아들여졌습니다. 또 행복한 사람들은 정신적으로 뭔가 모자라거나, 현실세계의 무서움을 인지하지 못하고, 기본적으로 의욕이 없다는 비판도 있습니다. 많은 사람들은 긍정성을 카우보이적인 태도와 헐리우드식 해피엔딩과 연결 짓기도 합니다. 그러나 현실에서 행복이란, 그저 즐거운 감정과 기쁨, 열광, 몰입, 열정 그리고 평화를 뜻합니다. 세계 어느 곳에서나 사람들은 행복을 느끼는데,

그 행복한 사람들 중에서도 성취지향적이면서 세계 현안에 밝은 사람들이 존재합니다. 이제는 행복과 일반적인 긍정정서가 단순히 기분 좋은 상태가 아닌 실제로 여러분에게 유익한 감정이라는 사실을 보여주는 연구 결과가 다수 나오고 있습니다.

긍정정서는 우리에게 유익합니다. 그것도 아주 많이 유익하지요. 다양한 표본, 연구 방법, 분석 방법을 활용한 수많은 연구들에서 같은 결과를 보여줍니다. 당신의 고객, 학생 또는 조직이 긍정정서의 가치를 즉시 느끼지 못하겠지만, 긍정정서가 이들이 원하는 결과와 연관되어 있음은 쉽게 알 수 있습니다. 예를 들면 이를 뒷받침하는 강력한 연구가 있는데, 긍정정서는 사람들을 보다 건강하게 하고(직장 내 병가율 감소), 보다 창의적이게 하며(새로운 상품과 해결법 개발), 그리고 보다 친절하게 만듭니다(팀 내 생산성과 이타성의 증가). 긍정정서가 가져오는 유익함에 대해 건강이라는 하나의 예를 들어 살펴보도록 하겠습니다. 연구 결과에 따르면 긍정성은 흡연, 약물 사용, 자살충동의 비율을 낮추고, 응급실과 병원 방문 횟수 및 자동차 사고로 인한 사망건수를 감소시키며, 혈압 및 심장마비 위험을 낮출 뿐만 아니라, 더 많은 신체 운동, 면역 시스템 기능 향상, 수명 연장, 사망률 감소, 통증에 대한 역치 개선, 심혈관 기능 향상 등을 가능케 하여 전세계 사람들의 전반적인 건강 상태를 향상시킨다고 합니다.

긍정정서는 사람들의 인간관계와 일에도 유익한 영향을 미칩니다. 예를 들어, 행복한 사람들은 결혼할 가능성이 높고, 결혼 상태를 잘 유지하며, 보다 많은 친구들이 있고, 관계를 통한 사회적 지지를 더 많이 받습니다. 또한, 동료들을 잘 돕고, 제시간에 출근하며, 병가를 적게 쓰고, 상사와 고객들로부터 더 좋은 평가를 받습니다. 심지어 돈도 더 잘 법니다. 이는 다양한 표본 집단을 대상으로 한 많은 연구자들의 수많은 종단 연구, 경험적 연구, 횡단 연구를 통해 나타난 결과입니다. 여러분에게 소냐 류보머스키, 로라 킹, 에드 디너가 미국 심리학회의 회보(Psychological Bulletin)에 게재한 2005년 논문을 추천하고 싶습니다. 다음은 이 논문들의 간단한 요약 내용입니다.

긍정정서가 주는
다양한 혜택에 대한 사례

건강

1. 긍정적인 사람들은 부정적인 사람들에 비해 감기에 덜 걸리며, 증상이 훨씬 덜 심각했습니다.
2. 긍정적인 수녀들이 부정적인 수녀들보다 더 오래 살았습니다.
3. 우울증은 흡연, 음주, 마약 중독, 자살, 뇌졸중으로 이어질 수 있고, 질병으로부터 회복을 더디게 하며, 응급실을 더 자주 방문하게 되는 결과를 낳습니다.
4. 긍정성으로 통증 및 신체 증상이 감소하고, 병원 방문 횟수도 줄어들 수 있습니다.
5. 긍정정서를 느낄 때 사람들의 심혈관 회복률이 높아지는 것으로 나타났습니다.

관계

1. 긍정적 인간 관계는 더 나은 신체 및 정신 건강으로 이어질 수 있습니다.
2. 행복도가 높은 10%의 사람들은 더 사교적이고, 더 끈끈한 우정과 로맨틱한 애정 관계를 형성합니다.
3. 긍정적인 사람들은 자원봉사를 더 많이 하며, 다른 사람들을 더 돕고자 합니다.
4. 긍정적인 사람들은 훨씬 외향적이며, 모임에 자주 참석하고, 덜 이기적입니다.

일

1. 긍정성은 다음과 같은 결과를 가져올 수 있습니다.

- 높은 급여
- 상사로부터의 더 좋은 평가

- 고객으로부터의 더 좋은 평가
- 결근율 감소
- 직원들의 이직률 감소
- 조직행동 향상
- 동료간의 관계 향상

2. 몰입도가 낮은 근로자로부터 나오는 부정성은 생산성 손실로 이어져 미국 경제에 연 250~300억 달러의 비용을 발생시킵니다.

개인

1. 긍정정서는 흥미와 호기심을 증가시킵니다.
2. 긍정정서는 삶의 의미를 더 많이 느낄 수 있게 합니다.
3. 긍정정서는 창의성을 더 이끌어냅니다.

철학이나 신앙, 유행과 다르게 긍정심리학이 가지는 강력한 장점 중의 하나는 과학적 특성을 가지며, 주장을 뒷받침하는 실증적 증거가 있다는 점입니다. 그런데 임원 회의실에 들어가서 행복을 위해 공장을 대상으로 한 개입을 제안하는 일과 2005년 소냐 류보머스키 교수와 그의 연구진이 방대한 양의 문헌 조사를 통해 발표한 논문을 예로 드는 것은 별개의 문제입니다. 사실, 조직의 임원진과 관리자들이 실제로 원하는 생산성, 이직률, 조직 시민행동과 같은 결과와 긍정성을 직접 연관 지어도 됩니다. 과학으로서의 긍정심리학이 우리에게 시사하는 바는 긍정성이 이해하고 활용할 만한 가치가 있다는 점입니다. 다시 말해, 긍정정서가 줄 수 있는 유익함이 정말 많기 때문에 어쩌면 긍정정서가 여러분과 여러분의 고객이 간과하고 있는 가장 중요한 자원일 수 있습니다. 기존의 행복에 대한 개념에서 보면, 행복은 우리가 달성해야 하는 더없이 황홀한 감정 상태이며, 하나의 정서적 결승점과 같은 것이었습니다. 그러나, 행복에 대한 새로운 개념에서는 행복은 자원이며, 인생에서 우리가 원하는 다른 결과를 가져오기 위해 쓸 수 있는 정서적 자본일 수 있다고 설명하고 있습니다.

이 결론을 위한 강력한 증거들이 있음에도 불구하고, 이 주제에 대해 이야기할 때에는 여러분의 직종에 맞는 적합한 언어표현을 융통성 있게 사용하는 것이 좋습니다. "행복"이라는 단어는 조직 환경에 적합하지 않을지 모릅니다. 대신, "팀 생산성 향상", "이직률 감소", "갈등 해결 능력 강화" 등과 같은 용어를 사용하면 거의 모든 관리자들과 임원진은 관심을 가질 것입니다. 행복한 표정, 미소, 웃음과 같은 단어로 임원진을 설득하기 힘들다면, 그 대신에 "영업팀의 일관된 전화 영업 능력", "조직 창의성 향상", "고객 충성도 증가"와 같은 표현을 써 볼 수 있겠습니다. 여러분의 시장과 고객을 잘 파악해서 이들이 추구하는 가치와 니즈를 이해하고 그에 따라 적합한 표현을 하는 것이 중요합니다. 코칭, 심리치료, 교육 또는 인재개발분야 등에서 일하는 분들에게도 역시 긍정정서가 유익하다는 사실은 도움이 되실 겁니다. 왜냐하면 좋은 인간 관계, 창의성, 몰입 그리고 건강은 누구에게나 중요하고, 긍정정서의 힘은 모든 업종에서 활용될 수 있기 때문입니다.

근본적인 질문: 우리는 어떻게 긍정성을 키울 수 있을까요?

긍정정서에 대해 짚어보고, 긍정정서가 여러분에게 좋은 것이라고 이야기하기는 쉽습니다. 그러나, 이를 연습하고 일상화하며, 긍정정서가 뒷받침되는 문화를 만드는 일은 훨씬 더 어렵습니다. 심리치료 내담자들은 긍정성에 대해 어려움을 겪고, 코칭 고객은 좌절에 의해 차질을 겪습니다. 교실 문화는 경쟁적으로 변화할 수 있고, 조직 문화는 불안과 절망의 근원이 될 수 있습니다. 긍정성을 조직에 불어넣는 일은 분명 간단하지 않습니다. 그럼에도 불구하고 이는 실행 가능한 일이며, 성공적으로 해낼 수 있습니다. 그 동안 조직에서는 약간의 긍정성이라도 구석구석 불어넣기 위해 노력해왔습니다. “팀워크” 또는 “성공”이라고 당당하게 외치는 포스터를 잘 보이게 벽에 걸어 놓기도 하고, “캐주얼 복장을 입는 금요일”이라는 아이디어를 실천해보기도 하고, “이달의 직원” 프로그램을 생각하거나, 공로를 인정하는 특별한 저녁 식사를 제공하기도 합니다. 이와 같은 개입들은 긍정적 조직 문화를 만들고 흥미롭게 하는 데 초점을 맞추고 있습니다. 좋은 의도임에도 불구하고, 이러한 접근방식이 항상 효과가 있는 것은 아닙니다.

가정과 직장 두 곳에서 어떻게 여러분의 삶을 보다 긍정적으로 만들지를 고민해보는 것은 가치 있는 일입니다. 긍정성을 향상시킬 수 있는 다양한 “자연스러운” 방법들이 있습니다. 가장 분명한 방법은 유머의 사용입니다. 유머는 그냥 쓸데없는 것이 아닙니다. 이는 훌륭한 원기 회복제이며, 사실 여러모로 도움이 됩니다. 유머는 긴장 상황을 떨쳐버릴 수 있게 하고, 사람들을 서로 친밀하게 하며, 이야기하기 난감한 주제도 잘 풀어갈 수 있도록 도와주고, 동시에 유쾌함을 느끼게 합니다. 미팅에서 어색한 분위기를 깨기 위한 가벼운 이야기에서 농담에 이르기까지, 다양한 유머들은 구성원들의 협력을 촉진하고 새로운 것을 배우려는 학습자의 마음을 여는 역할을 해왔습니다.

2.4 돌아보기: 과거의 긍정 성공 경험

1. 시간을 두고 여러분의 가정 생활을 생각해보세요. 집에 있을 때, 가족들과 함께할 때 나는 어떻게 긍정성을 끌어올리나요? 칭찬을 하는 편인가요? 오락활동을 하나요? 선물을 주나요? 유머를 주고 받나요? 집의 물리적 배치는 어떻게 되어 있나요? 긍정적 분위기를 만들기 위해 집의 데코레이션이나 가구의 배치를 다르게 한 적이 있나요? 식물이나 조명이 분위기에 어떤 영향을 주나요? 아래에 답을 자유롭게 적어보세요.

2. 이제, 내가 일하는 환경을 생각해보고, 위와 같은 질문을 스스로에게 던져보세요. 사무실 내에서 보다 긍정적인 문화를 만들기 위해 나는 얼마나 기여했나요? 동료들은 어떤 기여를 했나요? 긍정성을 높이려다 실패한 경험은 없나요? 무엇이 잘못되었나요? 분위기를 보다 밝고 긍정적으로 만들고자 하는 욕구나 기회를 어디서 찾아볼 수 있나요? 답을 아래에 자유롭게 적어보세요.

사실 긍정을 불어 넣는 일은 복잡하고, 어떤 특정한 환경에서 일하느냐에 따라 성공 여부가 달려있습니다. 긍정 문화를 만들어가는 데 있어서 모든 상황에 다 적용할 수 있는 하나의 해결법은 없습니다. 하지만 긍정 문화를 만들어가는 데 도움이 되는 몇 가지 기본 단계는 있습니다. 우선, 문화적 변화는 거의 대부분 리더십과 함께 시작됩니다. 심리치료사라면 먼저 클라이언트에게 긍정성의 본보기가 되어야 합니다. 매니저라면 직원들과 긍정적인 의사소통이 되어야 합니다. 그리고 긍정심리학에서 실험을 통해 검증된 심리개입들 또한 도움이 될 것이고 강점, 희망, 낙관주의와 관련된 긍정심리학 연구 결과들도 유용하게 활용할 수 있습니다. 이 주제들은 다음 주부터 함께 다뤄보도록 하겠습니다. 긍정의 힘과 긍정 심리개입의 효과를 믿고 강점 기반 중심으로 사고하면서 낙관주의를 높인다면 함께 일하는 사람들이 힘을 얻고, 동기 부여가 되면서 몰입할 수 있는 환경을 만들어 낼 수 있습니다. 긍정성을 높이는 길을 살펴보기 전에, 우리가 이번 주에 배웠던 내용들, 왜 감정인지, 감정은 우리에게 어떤 역할을 하는지, 긍정정서가 우리에게 어떤 혜택을 주는지에 대해 생각해보겠습니다.

W2 핵심 포인트

- 감정은 고유의 역할이 있습니다. 감정은 우리 삶에 대한 유용한 피드백을 제공함으로써 우리가 잘 기능할 수 있도록 도와줍니다.
- 특히, 긍정정서는 우리의 많은 자원을 확장하고 구축하는 역할을 합니다.
- 행복은 우리가 관심을 가질 가치가 있는 주제입니다. 긍정은 우리의 관계, 개인, 건강, 일에 직접적으로 혜택을 줄 수 있습니다.
- 긍정성은 충분히 높일 수 있습니다.

Week2 읽을거리

Chapter 3 and Chapter 4: Peterson, C. (2006). A primer in positive psychology. New York: Oxford University Press.
긍정심리학 프라이머, 크리스토퍼 피터슨(2006)
3장과 4장을 읽어보세요

이번 주의 읽을거리에서 크리스토퍼 피터슨은 행복의 이론과 행복에 대한 과학적 연구뿐만 아니라 기쁨과 긍정정서에 대한 폭넓은 토론을 제시합니다. 그리고 그 중에서 여러분이 관심 있어 할 만한 2가지 사항에 주목해보고자 합니다. 첫 번째는 피터슨의 피크 앤드 이론에 대한 연구 토론입니다. 이 이론에서 기본적으로 이야기하는 내용은 우리는 과거의 정서적 경험에 대해 모든 순간을 똑같이 기억하지는 않는다는 점입니다. 대신, 우리는 가장 강력했던 순간(피크)과 가장 마지막 순간(앤드)을 더 중점적으로 기억한다는 것이지요. 즉, 사람들은 거의 사건의 기간을 무시하게 된다는 뜻이며, 이를 지속기간 무시 현상이라고 부릅니다. 현실에서 이를 설명하자면, 여러분은 좋아하는 영화가 1시간짜리인지, 2시간짜리인지는 별 신경 쓰지 않고 결국은 가장 강렬했던 장면과 엔딩 장면만을 종합해서 그 영화를 평가하게 된다는 뜻입니다. 또 다른 현실적인 예를 들자면, 고통스러운 대장 내시경 검사가 15분이 아닌 45분이 걸려도 마지막 순간이 고통스럽지 않기만 하면 상관없다는 것이지요. 이 이론은 고객서비스, 고객 제품 인터페이스, 의사결정에 직접적인 영향을 줍니다. 이러한 매력적인 심리학적 현상을 여러분의 일에 어떻게 적용할 수 있을까요?

두 번째 흥미로운 주제는 몰입에 대한 내용입니다. 몰입은 내가 가진 능력과 일의 어려움이 적절히 균형을 이룰 때 완전히 빠져드는 집중의 상태입니다. 직장인들은 그들의 업무에 완전히 빠져있을 때 몰입을 종종 경험합니다. 몰입이 여러분의 일에 무슨 도움이 될지를 고민하실 수도 있습니다. 이 이론이 진단을 하는 데 활용될 수 있지는 않을까요? 클라이언트가 몰입이 잘 안 된다고 호소할 때, 클라이언트의 능력과 업무의 난이도를 평가해보는 건 어떨까요? 클라이언트가 더 잘 몰입할 수 있도록 도울 수 있는 방법이 있을까요?

Week 3
검증된 심리개입

Week 3
검증된 심리개입

혹시 이런 이야기 들어보셨나요?
아이를 안은 여성이 버스에 올라타는데 운전기사가 한마디 합니다. "아줌마, 아이가 정말 못 생겼네요. 제가 살면서 봤던 아이 중 제일 못났어요." 그 여성은 운전기사의 말에 너무 놀라 당황했지만, 요금을 내고 그냥 자리에 앉습니다. 그러자 옆에 앉은 한 남자가, "저 버스 기사 정말 무례하네요! 아줌마 원숭이는 제가 안고 있을 테니까 기사양반한테 가서 한마디 하세요!"

이 이야기가 세상에서 가장 웃긴 유머는 아니겠지만(그래도 우리 아이들은 좋아했어요), 긍정정서를 만드는 것이 어렵지 않다는 것을 보여주는 좋은 예가 됩니다. 유머, 재치 있는 농담, 만화, 친근한 장난, 극장 코미디, 영화와 같이 이 세상에는 기분 좋은 심리개입방법들이 이미 많이 있습니다. 그냥 길을 걸어가다가 아무에게나 미소를 지어보면 쉽게 확인할 수 있습니다. 모든 사람이 미소로 반응하지는 않겠지만, 종종 같이 웃어주는 사람을 만날 것입니다. 좀 더 기분 좋은 결과를 얻고 싶나요? 그렇다면, 출퇴근 길에, 톨게이트에서 뒤 차의 통행료를 내주시는 건 어떨까요? 자신은 물론이고 어떤 한 사람의 기분까지 매우 좋게 만드는 일이 될 것입니다.

긍정심리학에는 긍정적 심리개입에 대한 좋은 이론과 실질적으로 응용한 사례가 많이 있습니다. 이제 긍정심리학은 단순히 "~를 할 수 있는, ~하기 쉬운 방법, ~하는 비결"을 알려주는 자기개발서의 조언 수준을 넘어서고 있습니다. 자기개발 세미나 또는 도서에 나오는 조언도 물론 효과가 있습니다. 하지만 긍정심리학은 인간의 긍정성을 높이기 위한 여러 영역에 있어 이전과는 다른 새로운 기준을 제시하고 있습니다. 과학자들은 어떤 개입 요소들이 어떤 대상에게 가장 효과적으로 나타나는지, 그리고 그 이유는 무엇인지 실험하고 있습니다. 또한 긍정적 심리개입은 개인을 행복하게 만드는 것에만 그치지 않습니다. 지난 주에 개인의 행복이 가정과 직장, 사회생활에 얼마나 중요한지 자세히 설명하였습니다. 그럼에도 불구하고 긍정적 심리개입을 단지 개인의 행복으로만 보는 것은 좁은 관점이라고 할 수 있습니다. 긍정적 심리개입은 그룹과 조직의 성과를 높이기 위한 전략에도 초점을 두고 있습니다. 따라서 개인과 조직의 심리개입뿐만 아니라 학생, 직장인, 고객까지 그들이 이전보다 더 나은 삶을 살 수 있도록 여러분이 도와줄 수 있기를 바랍니다.

긍정적 심리개입이란 무엇인가?

펜실베니아 대학에서 MAPP(응용 긍정심리학 박사과정)을 운영하는 제임스 파웰스키는 『긍정적 심리개입』 이라는 과목을 강의하며 '도대체 긍정적 심리개입이란 무엇인가?' 하는 근본적인 질문을 던지게 됩니다. 긍정적 심리개입을 '내가 원하는 결과를 얻을 수 있도록 하는 것'이라고 단순하게 정의한다면 우울증을 위한 심리치료나 신체를 활용하는 운동도 긍정적 심리개입이라고 생각할 수 있습니다. 또한 새로운 컴퓨터 프로그램 언어를 배우는 수업이나 친구를 격려하는 일 등 우리가 매일 하는 대부분의 활동들이 이에 해당할 것입니다. 그렇다면 긍정적 심리개입을 "긍정적인 방법만을 사용하는 것이다"라고 정의하면 어떨까요? 예를 들어 감독이 운동선수들을 격려하기 위해 소리를 지르는 것과 선수들의 동기부여를 위해 칭찬하는 것의 차이점을 생각해봅시다. 이 경우에 긍정적 심리개입의 특징은 긍정적이고 친근한 방법, 따뜻하고 인간이 추구하는 가치와 동일한 방법을 사용하는 것이라고 할 수 있습니다. 하지만 긍정적 심리개입이 무엇인지에 대한 정확한 정의가 불분명하기 때문에 이것에 대한 토의가 필요합니다.

파웰스키는 "긍정적 심리개입은 일반적인 기능발휘(just functioning)가 아닌 최적의 기능발휘(optimal functioning)를 목표로 하기에 특별하다"라고 말합니다. 그리고 구체적인 예를 들어 설명합니다. 수술 후 회복된 환자가 의사를 찾아갔다고 가정해 보겠습니다. 의사는 환자의 "일반적인" 기능발휘를 목표로 신체적인 활동을 권합니다. 그 이유는 환자를 마이너스 상태에서 정상 상태 즉, 0의 상태가 되도록 돕기 위함입니다. 또 다른 예로, 피트니스센터 트레이너를 찾아간 한 사람을 가정해보겠습니다. 트레이너는 이 고객에게 반복되는 동작과 달리기 등의 운동을 하게 해서, 이미 정상적인 일반 사람의 몸을 더 건강한 상태로 만드는 것을 목표로 합니다. 이 경우의 초점은 정상 상태 즉, 0의 상태 혹은 약간의 플러스 상태에서 훨씬 더 플러스 상태로 끌어올리는 데 있습니다. 파웰스키는 긍정적 심리개입은 방법의 차이보다는 무엇에 초점을 두느냐에 따라 정의할 수 있다고 말합니다. 긍정적 심리개입은 일반적인 기능발휘가 아닌 최적의 기능발휘에 초점을 두고 있습니다.

또한, 파웰스키는 긍정성을 높이는 기법들에 관한 흥미로운 통찰을 제시합니다. 두 번째 주제는 초점을 문제 중심에 두는지 아니면 해결 중심에 두는지와 관련되어 있습니다. 예를 들어 여러분이 어느 날 갑자기 만화에 나오는 영웅처럼 초능력적인 슈퍼파워를 가지게 되었다고 가정해봅시다. 그런데 다음에 나오는 2가지 상황 중 1가지만 선택하여 슈퍼파워를 사용할 수 있다고 한다면 어느 쪽을 선택하시겠습니까? 첫 번째 상황은 범죄와의 전쟁, 지진피해를 입은 사람들을 구하는 것과 같은 문제를 다루는 것에 힘을 쓰는 것입니다. 또 다른 상황은, 긍정성을 높이는데 힘을 쓰는 것입니다. 즉, 아이들이 지속적으로 학교에 다닐 수 있도록 하거나 가정을 행복하게 하고, 사람들이 일에 더욱 몰입할 수 있도록 힘을 쓰는 것입니다. 잠시 시간을 가지고 이 두 가지의 차이점을 곰곰이 생각해보세요. 어느 쪽을 선택하시겠습니까? 만약 당신이 저와 같은 생각을 가지고 문제를 다루는 쪽을 선택한다면, 그와 관련된 고통을 직접적으로 해결하며 즉각적인 도움을 제공할 수 있을 것입니다. 이러한 선택을 한 것에 대해 전혀 부끄러워할 필요는 없습니다. 보통 문제상황들은 더 긴박해 보이고 행동을 더 촉진하는 것으로 나타납니다. 그래서 사람의 이목을 더 끄는 경향이 있습니다. 흥미로운 것은, 두 번째 선택(긍정성)이 더 장기적인 효과를 가지고 있으며, 사람들이 자신의 문제를 스스로 해결하는 능력을 키울 수 있도록 도와줍니다. 파웰스키의 질문은 다음 2가지의 시사점을 남깁니다. 첫째, 문제와 해결안 모두에 관심을 가지는 것이 한쪽에 집중하는 것보다 훨씬 낫다는 것. 둘째, 긍정성을 높이는 것은 매우 가치가 있다는 것입니다. 다행히 긍정심리학자들은 이제껏 다양한 기법들의 효과를 실험해왔고 현재는 긍정성을 높이는데 자주 활용되는 방식과 실제 적용방법들이 잘 준비되어 있습니다. 이제 당신이 원하기만 한다면 새로운 슈퍼파워를 얻을 수 있을 것입니다.

3.1 생각거리: 우리 삶 속의 긍정성

다른 사람으로부터 도움을 받았다고 느꼈던 때를 떠올려보세요. 아마도 어려움이 있었거나 힘들었던 시기였을 것입니다. 친구와의 관계나 건강 문제, 직장생활과 관련된 일이었을 것입니다. 아마도 당신은 중요한 목표달성에 실패했거나 동료와의 관계에서 어려움을 겪었을지도 모릅니다. 모르는 사람이 외부에서 당신을 봤다면 무언가 안 좋은 일이 있는 것처럼 보였겠죠. 만약 그때 당신을 도와준 사람이나 구체적인 도움이 없었다면, 당신이 그 힘든 시기를 이겨 낼 수 있었던 원동력은 무엇이었을까요? 떠오르는 생각들을 자유롭게 작성해보세요.

위에 작성한 답변을 보고 혹시 빠진 것은 없는지 잘 살펴보세요. 이제, 당신이 힘들었던 그 당시에 도움이 될 수 있었던 다른 요소에 대해 이야기해드리겠습니다. 격려, 새로운 관점, 자신감, 희망, 주변 자원, 조언, 새로운 행동이나 활동 등이 어려운 시기에 당신에게 중요한 도움이 되었을 것입니다. 자, 위의 답변을 다시 검토해보세요. 우리는 종종 우리가 받은 도움이 얼마나 깊고 다양한 의미를 가지고 있는지에 대해서 간과하곤 합니다. 이를 생각하며 답변을 추가해보세요. 당신이 받았던 도움이 의미 있었던 이유는 무엇인가요? 떠오르는 생각들을 작성해보세요.

자 이제, 그때를 다시 생각해보겠습니다. 당신에게 문제가 발생했고, 그 문제를 해결하기 위한 도움이 있었습니다. 그 도움을 어떻게 받았었는지 생각해보세요. 어떻게 구조화할 수 있나요? 당신 또는 도움을 준 사람은 문제를 해결하고 극복하는 데 초점을 두었나요? 아니면 그 문제 자체보다는 원하는 결과를 얻기 위해 다른 방식으로 문제를 바라보았나요? 문제에 대한 것과 해결에 하기 위한 것 중 더 많이 작성한 것은 무엇인가요? 당신 또는 도움을 준 사람은 무엇에 초점을 두었나요? 답변을 자유롭게 작성해보세요.

경험적으로 입증된 심리개입

한동안 종교지도자, 코치, 자기개발 전문가들은 우리가 삶에서 가장 원하는 것들이 도덕, 성공, 건강, 인정, 행복이라고 주장해왔습니다. 그래서, "긍정적으로 생각하기"에서부터 "목표 작성하기"에 이르기까지 다양한 조언들을 해주었지요. 그런데, 이러한 것들이 과연 효과가 있었을까요? 물론 일부는 효과가 있습니다. 문제는, 이런 종류의 조언들이 너무 관습적이고 일정한 형식이나 틀을 가지고 있어서 모든 사람들에게 동일한 효과를 나타내야 하는 것처럼 되어버렸다는 것입니다. 게다가, 이러한 조언들 중에는 효과적이지 않은 것도 매우 많아서 일시적으로 유행하는 다이어트 방법처럼 구체적이고 객관적인 과학적 근거가 충분하지 않은 것들도 있습니다. 최근 긍정심리학은 점점 더 응용 과학에 가까워지고 있습니다. 물론 그렇다고 해서, 긍정심리학자들이 다른 연구자들처럼 행복을 함수처리하고 강점을 진단하는 것에만 관심을 쏟는 것은 아닙니다. 흥미로운 발견을 하면 이를 일상에 어떻게 가장 잘 적용할 수 있을지에 보다 많은 관심을 둡니다. 다만, 적용에 대한 고민을 시작한 지 몇 년도 채 되지 않았기 때문에 검증된 심리개입이 아직 많지 않다는 것을 인정합니다. 긍정심리학은 역사가 길지 않은 새로운 학문입니다. 앞으로 수년 동안 더 많은 새로운 심리개입에 대한 개발과 실험이 이루어질 것입니다. 다시 말하면 이미 세심한 검토를 거쳐 그 효과성과 한계점이 잘 알려진 몇 가지 심리개입도 있음을 의미합니다("한 눈에 살펴보는 심리개입" 표 참고).

몇 년 전 마틴 셀리그만과 연구팀이 "긍정심리학 리포트 카드"라는 글을 썼습니다. 그 안에는 우울감을 감소시키고 행복감을 증가시키는 믿을만한 방법들에 대한 정보가 잘 소개되어 있었습니다. 지난 주에 했던 이야기를 잠시 떠올려보면, 행복 증진은 건강, 친절한 행동, 창의성, 직장 내 희망목표 등과 직접적으로 연관되어 있기 때문에 생각하는 것보다 훨씬 더 가치 있는 일이라고 하였습니다. 셀리그만이 발견한 흥미로운 사실 중에 하나는, 심리개입이 이루어지고 몇 달이 지난 후 통제그룹과 비교했을 때 실험 그룹의 행복감이 더 높게 나타났다는 것입니다. 따라서 이러한 실험 결과는 몇몇 긍정심리 기법들의 효과가 비교적 오래 지속된다는 것을 보여줍니다. 개인의 강점을 찾아내고 활용하는 것이 심리개입 실험 중의 하나입니다. 제가 1주차에 '직장인들은 자신이 가장 잘 할 수 있는 일을 매일하고 싶어 한다'는 갤럽 연구의 결과에 대해 이야기했던 것을 기억하시나요? 전 세계 실험 대상자들로 이루어진 최근 연구 결과에 따르면, "배울 수 있는 기회를 얻는 것"

과 "가장 잘하는 일을 하는 것"이 매우 강력한 행복의 예측 변수가 됩니다. 셀리그만의 연구는 이러한 결론을 뒷받침합니다. 자신의 강점을 활용하며 "나는 가장 잘하고 있다"라고 느낀다면 더 나은 성과부터 인내심을 키우는 것까지 일에 대한 더 큰 의미와 몰입을 가져오는 엄청난 효과가 있다고 하였습니다. 다음 주에는 강점과 강점 심리개입에 대해 좀 더 소개할 예정입니다. 강점 심리개입은 그 효과가 실험을 통해 입증되었다는 점을 강조하고 싶습니다. 그 외에도 관심 연구대상이며 효과가 입증된 다른 긍정심리개입이 있습니다. 그 중 몇 가지 방법은 소냐 류보머스키의 2008년도 저서 '행복도 연습이 필요하다(The How of Happiness)'에도 잘 소개되어 있습니다.

감사하기

아마도 많은 사람들이 알고 가장 대중적으로 활용되는 심리개입은 "감사하기"일 것입니다. 이는 말 그대로 감사한 마음을 표현하는 단순한 기법입니다. 우리는 정신 없이 바쁘게 살 다 보니 다른 사람에게 감사한 마음의 표현을 종종 잊어버리곤 합니다. 갤럽 연구에 따르면, 65%의 미국인은 '지난 1년간 자신이 잘 해낸 일에 대해 전혀 인정받지 못했다'라고 설문에 답했습니다. 자녀들에 대한 칭찬이나 선물에 대한 보답으로 감사카드를 쓰는 일 등 공식적으로 감사를 표하는 일은 비교적 잘하는 편이지만, 감사표현을 이 정도 수준에서 그친다면 우리는 살면서 감사한 마음을 전할 수 있는 소중한 기회들을 놓치게 됩니다.

배우자와 동료에게 진심을 담아 감사함을 인정할 수 있는 기회는 하루에도 수 없이 많습니다. 최근에 있었던 제 이야기를 들려드릴까요? 몇 년간 저는 빈민가를 연구하기 위해 콜카타 지역에 갈 때 아비루파라고 하는 실력 좋은 통역사를 고용하였습니다. 때로는 콜카타 사람들과 함께 일하기가 매우 어려웠는데, 아비루파는 문제를 해결하고 필요한 연락을 취하는 데 있어서 탁월한 역할을 해주었죠. 통역은 물론이구요. 이 글을 쓰는 동안에도 다시 콜카타에 갈 일이 생겨서 준비를 하고 있었는데 아비루파는 엄청난 일을 해냈습니다. 외지인들에게 배타적이어서 매우 만나기 힘든 빈민층을 섭외했거든요. 그래서 제가 "아비루파! 일을 잘해줘서 정말 고마워요"라고 말했더니, 아비루파가 "선생님! 저는 제가 한 일에 대해 보수를 받고 있는데 왜 고맙다고 하시는 거죠?"라고 묻더군요. 그래서 저는 “왜냐하면 일을 너무 잘 해줘서 정말 고마웠거든요. 그리고 제가 당신에게 보수를 주는 것만으로는 당신에게 느낀 고마운 마음을 모두 표현하기엔 부족하다고 생각했어요. 또, 아비루파씨는 돈만 바라고 일하는 분은 아닌 것 같다고 느꼈어요. 그래서 정말 훌륭한 분이라고 생각해요”라고 말했죠. 이 말의 효과는 매우 컸어요. 이후 아비루파는 그 어느 때보다도 큰 동기부여가 되었고 자기 자신이 매우 괜찮은 사람으로 느껴진다고 말하더군요. 그리고 자신이 존중 받고 있다는 느낌이 들어서 더 열심히 일하고 싶은 생각이 들었다고 말했어요. 제가 한 말은 사실 쉽게 할 수 있는 표현이었음에도 불구하고, 어떤 협박이나 보상보다도 강력한 효과를 냈습니다.

감사를 표현하는 방법은 다양합니다. 가장 분명한 방법은 고마운 사람에게 “감사합니다”라고 말하는 것입니다. 하지만 이외에 또 다른 방법도 있습니다. 가장 잘 알려진 방법은 과학적으로 이미 검증된 “감사하기 활동”입니다. ‘감사한 일 세 가지 떠올리기’라는 방법으로 잘 알려져 있습니다. 방법에 상관없이 이는 매일매일 감사일기를 쓰는 활동입니다. 날마다 하는 습관을 들이기 위해서는 가능한 같은 시간에, 그 날에 감사했던 3가지 일을 기록하는 겁니다. 그게 전부입니다. “살아있음에 감사합니다”부터 “냉장고가 잘 작동되어서 감사합니다”에 이르기까지 범위는 매우 다양합니다. 누군가는 예쁜 일기장을 구입해서 쓰기도 하고 또는 배우자와 함께 감사일기를 쓰기도 합니다. 단순해 보이는 이 활동의 효과는 강력합니다. 감사일기를 꾸준히 작성한 사람들은 전보다 더 긍정적이게 되었다고 느끼고 일상에 깨어있는 삶을 살 수 있게 되었으며 사람들과의 관계도 좋아졌다고 말합니다. 셀리그만의 연구뿐만 아니라 다른 연구 결과를 통해서도 감사일기는 매우 효과적인 활동이라고 검증되었습니다. 실제로 긍정심리학을 공부하는 대학생들에게 감사일기 작성활동을 종종 과제로 내주곤 하는데 학생들의 80%이상은 이것을 좋아하면서 긍정적이 되었으며, 약 15%의 학생들은 과제가 끝난 후에도 꾸준히 감사일기를 작성한다고 했습니다. 이 활동이 여러분에게 어떠한 영향을 주는지 직접 확인해보기 위해, 다음 주에는 감사 기록을 작성하는 과제를 내주려고 합니다.

나에게 의미 있는 도움을 준 누군가에게 감사편지를 쓰는 것도 감사하기를 조금 색다르게 표현해볼 수 있는 방법입니다. 이 방법은 감사의 또 다른 면을 볼 수 있게 해줍니다. 감사편지 쓰기는 현재 잘 되고 있는 일 혹은 일상적인 도움에 대한 감사라기보다는 자신의 인생에 큰 공헌을 해준 사람들에 대한 감사를 떠올리게 합니다. 보통은 부모님, 코치, 멘토, 선생님 또는 내가 성장하는 데 많은 영향을 준 누군가에게 편지를 쓰게 됩니다. 감사편지를 받는 사람은 물론, 편지를 직접 쓴 사람에게도 매우 좋은 경험이 될 것입니다. 이 활동은 오래된 관계에 다시 불을 붙이는 역할을 하기도 합니다. 흥미로운 점은 편지를 쓰고 난 후 실제로 보내지 않는다고 해도 정서적으로 좋은 경험이 된다는 것입니다.

또 다른 방법으로는 '감사 방문'이 있습니다. 감사편지보다 좀 더 직접적인 방식이지만, 누군가의 집을 갑자기 방문해 얼굴을 마주한 후 상대방이 내게 얼마나 고마운 사람인지에 대해 말하는 것은 부담이 될 수 있습니다. 예전에 제가 캐나다 TV 방송에 나가서 4명에게 "감사 방문을 해보세요"라고 권한 적이 있습니다. 처음에는 4명 모두가 제안을 탐탁지 않아 하며 이렇게 말하더군요. "저는 매일 주변 사람들에게 감사를 표현하고 있어요!" 하지만 프로그램 진행상 제안을 받아들여야 할 상황이 되니, 그들은 이 활동이 참 쑥스럽고 어려운 일이라는 것을 깨달았습니다. 그리고 사람들은 감정적으로 친밀감을 가지는 것이 다소 불편하고 긴장되는 것이라는 걸 알았습니다. 하지만 어려움을 이겨내고 나면 좋은 결과가 있다는 것은 그들의 이야기를 통해 알 수 있습니다. "제 마음 속에 있던 진심을 전하니까 기분이 좋더라구요. 그리고 그 사람과 더 친해진 것 같아 정말 좋았어요"라고 이야기했습니다. 방법에 상관없이 연구 결과는 작은 감사하기 활동이 행복을 촉진한다는 것을 보여줍니다. 그리고 감사일기의 효과는 수개월 동안 지속된다고 합니다. 『해피어』의 저자 탈 벤 샤하르와 같은 사람들은 감사하기 활동을 매일 수년간 지속했는데 여전히 심리적 혜택을 얻고 있다고 합니다.

너무 단순해서 도무지 믿기 어려운 이 활동이 이렇게 효과적인 이유가 몇 가지 있습니다. 첫째, 인간은 새로운 환경에 적응하는 엄청난 능력을 가지고 있습니다. 결혼을 하고, 새로운 도시로 이사를 가고, 직장을 옮겨도 잘 적응하는 이유가 바로 여기에 있습니다. 이렇게 인간은 적응을 잘합니다. 이 능력은 우리가 경험한 심리적 자산을 통해 다양한 상황과 새로운 자극에 잘 적응할 수 있도록 합니다. 하지만 이러한 적응능력은 새로운 일들에 대한 설렘을 빨리 사라지게 한다는 단점도 가지고 있습니다. 새로운 집, 배우자, 직장에도 금세 적응하여 평범한 일상이 되어버리고 맙니다. 새로워서 좋다라고 느꼈던 것들이 금방 습관적인 것이 되어버리는 것입니다. 그래서 감사하기 활동은 이런 우리들에게 심리적 해독제 역할을 하며, 우리 주변의 좋은 일들에 대해서 지속적으로 인식하게 합니다. 긍정적인 것들에 집중하려고 노력하다 보면 무미건조한 세상에서 우리를 힘들게 하는 일들을 잊을 수 있습니다. 또한 감사하기는 '마음챙김'으로도 볼 수 있습니다. 이 활동이 효과적인 또 다른 이유는 우리에게 주는 좋은 영향 때문입니다. 예를 들어 매일 3가지 감사한 일을 인지하는 것만으로도 다양한 긍정적 요소들을 경험할 수 있게 해주기 때문입니다. 일, 가정, 우정 가운데 단 한가지라도 감사한 일을 찾는 것은 긍정성의 범위를 더욱 넓히는 역할을 할 것입니다.

3.2 생각거리: 직장에서의 감사하기

1. '감사하기'는 남편이나 학생에게 매우 좋은 활동이 될 수 있습니다. 하지만 직장에서도 효과가 있을까요? 여러 가지 감사하기 활동을 직장 내에서 어떻게 잘 활용할 수 있을지 곰곰이 생각해보세요. 사원의 동기부여와 관계증진을 위해 관리자들은 이를 어떻게 전략적으로 활용할 수 있을까요? 당신의 비즈니스 모델에 이 활동이 어떻게 적용될까요? 내가 만약 심리치료사, 코치, 컨설턴트라면 고객에게 언제 이 활동을 하면 좋을까요? 효과는 어떨까요? 자유롭게 작성해보세요.

2. 감사하기는 매우 효과적인 활동이지만, 모든 사람들이 자연스럽게 받아들일 수 있는 것은 아니며, 기존의 경영관리 방식과는 많이 다를 수 있습니다. 내가 만약 임원, HR전문가, 교사, 심리치료사라고 한다면, 이 활동을 조직에 도입했을 때 예상할 수 있는 잠재적 문제점들은 어떤 것이 있을까요? 그리고 감사하기 활동이 조직 문화에 잘 녹아나도록 장애요소들을 어떻게 극복할 수 있을까요? 답변을 자유롭게 작성해보세요.

긍정적 순간 회상하기

감사하기와 마찬가지로 이미 검증된 또 다른 심리개입이 바로 '긍정적 순간 회상하기'입니다. 이 활동은 과거의 긍정적인 경험을 다시 떠올리는 것입니다. 결혼식이나 내 자신이 자랑스러웠던 순간, 회사에서 인정 받았을 때처럼 기분 좋았던 때를 회상해보는 것입니다. 시카고 대학에서 연구 중인 프레드 브라이언트는 트로피나 학위, 출력해 놓은 이메일, 사진 등과 같은 수집품들을 같이 활용하여 이 활동을 해보면 좋다고 권하고 있습니다. 브라이언트의 연구에 따르면, 오래 전 좋았던 때나 과거의 성공 경험을 잠시 떠올려보는 것만으로도 긍정성이 매우 높아진다고 합니다. 실제로 이 활동은 임원들이나 학생들의 자신감을 높이는 목적으로 활용되고 있습니다. 이 활동의 장점은 사람들이 보다 적극적으로 하고 싶어 한다는 것입니다. '감사일기 쓰기'는 너무 감상적으로 보여 꺼리는 사람들도 있는 반면, 자신이 가장 빛나던 순간을 떠올려보는 것은 대부분의 사람들이 하고 싶어합니다. 이 활동을 약간 변형한 것이 '긍정 포트폴리오' 만들기입니다. 살아오면서 성공했던 순간들을 입증할 수 있는 실질적인 물건이나 증거를 함께 모으는 것입니다. 긍정 포트폴리오에는 학생들에게 받은 감사편지, 감동을 주었던 기념일 카드, 대학 학위증 사본, 합격 통지서, 개인적인 성취 기록 등을 넣을 수 있습니다. '긍정 포트폴리오'는 중요한 발표나 인터뷰를 앞두고 긍정성을 높일 필요가 있는 경우에 자신감을 높이는 용도로 활용할 수 있습니다.

'긍정적 순간 회상하기'의 핵심은 '음미하기'에 있습니다. 브라이언트는 음미하기를 다음과 같이 설명합니다. 긍정적인 순간을 마음에서 꺼내어 이것을 좀 더 오랫동안 지속할 수 있도록 하나하나 펼쳐보는 과정이라고 말합니다. 일부 사람들은 '즉각적 재현'이라는 방법으로 자연스럽게 활용하고 있습니다. 예를 들어 어려움을 겪고 있는 고객에게 그 순간 가장 도움이 될 수 있는 말은 재치 있고 그 순간에 딱 맞는 해결책을 알려주는 것입니다. 그 날이 하루 종일 머리에서 맴돌고, 참 잘했어라고 스스로 생각하며 상상 속에서 자신을 토닥토닥 위로해줍니다. 음미하기의 좋은 점은 내면에서 일어나는 과정이기 때문에, 겸손을 미덕으로 생각하는 사회적인 시선에서 자유로울 수 있다는 것입니다. 긍정적인 순간 회상하기와 음미하기는 자랑하며 떠벌리기와 다릅니다. 내가 성취한 것에 대해 자랑이나 잘난 척할 필요 없이 그 순간을 되뇌이며 느낄 수 있습니다. 브라이언트는 많은 사람들이 타고난 음미가이며 그렇지 않더라도 음미하기는 배워서 익힐 수 있는 기술이라고 합니다. 음미하기를 잘 할 수 있는 방법은, 성공의 순간을 마음으로 사진 찍는 것입니다. 그 공간이 어땠는지, 누가 와 있었는지, 어떤 감정을 느꼈는지 등등을 기록해두는 거죠. 이렇게 세부적인 것에 집중하다 보면 다음에 음미하기를 할 때 이전보다 이미지가 쉽게 떠오르게 될 것입니다.

최고의 내 모습 그려보기

긍정성을 높이는 또 다른 효과적인 방법은 "최고의 내 모습 그려보기" 활동입니다. 이것은 최고의 내 모습을 상상하여 자유롭게 글을 써보는 것을 통해 카타르시스를 느낄 수 있는 활동입니다. 이는 사람들이 자신을 표현하는 글을 쓸 때 기분이 좋아진다는 연구 결과에서 나왔다고 합니다. 종이에 모든 두려움과 문젯거리를 적어보는 것만으로도 대부분의 사람들은 치료효과를 느낀다고 하는데, "최고의 내 모습 그려보기" 활동은 이것을 좀 더 구체적이고 긍정적인 방법으로 접근하고 있습니다. 미주리 대학 심리학과 교수인 로라 킹은 내 인생 최고의 모습을 작성하는 활동의 효과를 연구하였습니다. 이 연구에 참여한 사람들은 자신의 잠재된 모습에 대해 작성하는 경험을 하였습니다. 하지만 이 활동의 경우 자칫 잘못하면 역효과가 날 수도 있습니다. 어떤 사람들은 현재 자신의 모습과 이상적인 모습을 비교하다 결국 자신에게 실망할 수 있습니다. 더 나은 자신의 모습을 상상하다 보면, 안타깝게도 현실과 이상의 차이가 얼마나 큰 지 느끼게 됩니다. 종종 이렇게 활동이 제대로 이뤄지지 않을 때에는 부정적인 결과가 있기도 하지만, 이것은 사실 쉽게 바로잡을 수 있는 문제입니다. 이런 부작용을 피하기 위해서 로라 킹 교수가 고안한 방법은 사람들에게 '실현 가능한 미래의 내 모습'에 대해 작성하라고 하는 것입니다.

이 활동을 진행할 때 일반적으로 이렇게 설명합니다. "미래의 자신을 상상해보세요. 모든 것이 잘 되었고, 당신이 중요하다고 생각하는 것을 대부분 다 얻었습니다. 그러한 삶을 상상하며 글로 써보세요." 그러면 사람들은 자신의 가치와 열망이 무엇인지 곰곰이 생각해보는 기회를 갖게 됩니다. 사람들이 멈추지 않고 글을 계속 써 내려가되 그 생각과 느낌의 흐름을 쏟아낼 수 있도록 해야 합니다. 특히 여기에서 중요한 점은 문법이나 맞춤법에 구애 받지 않고 계속 써 내려갈 수 있게 독려하는 것입니다. 그러면 사람들은 자신의 비전이 현실적이지 않다는 것에 대한 두려움이나 자체 검열, 자기 비난 등에서 조금은 벗어나 이 활동에 몰입할 수 있습니다. 보통 '최고의 내 모습 그려보기' 활동은 그 모습을 실현할 수 있도록 약간의 영감과 동기부여하는 역할을 합니다. 그래서 이직을 했거나 새로운 프로젝트를 시작, 어려운 문제에 직면한 사람들에게 특히 도움이 되는 활동이라고 할 수 있습니다.

3.3 한번 해보기: 최고의 내 모습 그려보기

타이머나 스톱워치를 사용하여 약 10분 동안 "최고의 내 모습 그려보기" 활동을 직접 해보세요. 10분의 시간을 충분히 활용하여 이제껏 삶에서 원했던 모든 것을 가졌고, 내가 원한 모습으로 살고 있는 미래의 내 모습을 상상해보세요. 실제로 이러한 삶을 살면 어떨지 자유롭게 써보세요. 문법이나 맞춤법에 구애 받지 말고 열린 마음으로 가지고 있는 생각과 감정을 표현해보세요. 한 장으로는 부족할지도 모릅니다. 지금 바로 시작해보세요!

작성을 완료하신 분은 여기를 봐주세요: 다 작성했다면 지금 내 마음은 어떤지 시간을 가지고 그 감정을 느껴보세요. 이 활동의 효과는 어떻습니까? 나 자신과 내 삶을 어떻게 보고 있는지 보다는 감정적인 면에서 얼마나 영향을 받았습니까? 영감을 받고 동기부여가 되었나요? 변화할 수 있다는 느낌이 드나요? 이 활동이 당신에게 어떤 영향을 주었나요? 답변을 자유롭게 작성해보세요.

친절의 순간 떠올리기

사전 연구를 통해 효과가 검증된 여러 가지 긍정적 심리개입들이 더 있지만, 한 가지만 더 소개할까 합니다. 바로 '친절의 순간 떠올리기'입니다. 인간은 삶의 의미를 찾는 탁월한 능력을 가지고 있습니다. 또한 대다수의 사람들은 자신이 소중하게 생각하는 가치에 대해 잘 알고 있습니다. 우리는 영장류이고 사회적 존재이기 때문에 많은 사람들의 가치는 다른 사람들을 해치는 것이 아닌 돕는 것과 관련되어 있습니다. 연구 문헌에서도 이타주의가 행복과 긍정성을 높이는 요인 중의 하나로 거론되는 것은 놀라운 일이 아닙니다. 가족구성원, 친구들, 심지어 모르는 사람에게도 선의를 베풀면 기분이 좋습니다. 모르는 사람에게 길을 알려 주는 것처럼 아주 사소한 친절도 누군가를 도울 수 있는 기회가 되기에 삶의 목적에 맞게 살고 있구나를 느끼게 하며 도덕적인 사람이라고 생각되기도 합니다. 삶을 돌아보면, 다른 사람들을 도왔던 순간들이 쉽게 떠오릅니다. 비행기에 지갑을 두고 내리는 사람에게 그것을 알려준 일, 교통사고가 났을 때 가장 먼저 가서 도왔던 일, 길에서 발작을 일으킨 사람을 도운 일, 멘토링 해준 학생이 나중에 명망 높은 대학원에 들어갔던 일, 인도의 어린이를 후원했던 일 등등 내가 친절을 베푼 순간은 끊임없이 기억 날 것입니다. 이러한 일들은 다른 사람보다 내가 더 낫다거나 더 많이 돕고 있다라고 느껴진다기 보다, 그저 그 일들을 떠올릴 때면 기분이 좋아지는 것입니다. 가치 있는 삶을 살고 있다는 느낌과 세상을 조금이나마 더 나은 곳으로 만들고 있다는 생각에서 그렇겠지요. 여러분도 물론 떠오르는 일들이 많을 것입니다.

3.4 한번 해보기: 친절을 베풀었던 순간

부모님께서 사람들에게 친절해야 한다고 가르쳐주셨나요? 저의 부모님도 그러셨습니다. 여러분의 삶에서 타인에게 친절을 베풀었던 모든 순간을 기억할 수는 없겠지만, 아마 굉장히 많을 것입니다. 어릴 때 친구와 함께 장난감을 가지고 놀던 때부터, 모르는 뒷사람을 위해 문을 잡아준 순간까지 우리의 삶은 크고 작은 친절한 일들의 연속입니다. 시간을 가지고 지금까지 내가 베풀었던 친절의 순간을 떠올려보세요. 아무도 보고 있지 않으니 걱정하지 마세요. 자랑한다고 뭐라고 할 사람 아무도 없으니 자신에게 잘 했다고 토닥토닥 칭찬해주는 시간을 가져보세요. 친절을 베풀고 정말 기분이 좋았던 기억들을 떠올려서 자유롭게 작성해보세요. (필요하면 종이를 더 사용하셔도 됩니다!)

친절의 순간 떠올리기와 관련된 또 다른 연구는 일반적인 직관과 반대되는 결과가 나왔습니다. 첫 번째 참가자 그룹은 하루의 정해진 시간 동안 5가지의 작은 친절을 베풀라는 과제를 부여 받았고, 두 번째 그룹은 첫 번째 그룹과 같은 수의 친절을 일주일 동안 실천하도록 하였습니다. 의도적으로 설정된 상황이지만, 누군가에게 도움을 주는 행동이 두 그룹의 사람들 모두에게 심리적인 보상이 되었음은 물론입니다. 왠지 매일 선행을 실천하며 일주일 동안 남을 위해 노력한 두 번째 그룹이 더 큰 효과를 보지 않았을까 하는 생각이 들지만, 실제로는 하루 동안 집중적으로 친절을 실천했던 첫 번째 그룹의 결과가 더욱 좋았습니다. 매일 5가지의 친절을 베풀었을 때 나타날 효과성에 대한 실험은 하지 않았습니다. 이는 심리치료를 받고 있는 환자, 학생, 직장인 등에게 의미하는 바가 큽니다. 도움을 주는 것이 별 것 아닌 쉬운 일 같지만, 그에 비해 우리가 받는 정서적 보상은 매우 클 수 있다는 것을 말합니다.

한 눈에 보는 심리개입

활동명	효과	추천 대상
1. 감사하기	관계 증진, 공감력 향상, 행복감 증가	동료, 관리자,심리치료사, 클라이언트, 교사,학생, 매일매일 과제를 즐겁게 할 수 있는 사람
2. 긍정적 순간 회상하기	공감력 향상, 낙관성과 효능감 향상, 긍정성 향상	임원, 팀, 커플,클라이언트, 높은 성취도를 보이거나, 긍정자아감이 높은 사람
3. 음미하기	자신감 향상, 즐거움과 긍정성 향상	누구나
4. 최고의 내 모습 그려보기	자신감, 낙관성, 행복감 증가	학생, 클라이언트, 직원, 임원, 자신의 강점을 인지하고 있는 사람
5. 친절베풀기	긍정성과 사명감 향상, 관계 증진	누구나
6. 강점 활용하기	사명감, 몰입도 향상 행복감 증가	누구나

더 넓은 범위의 심리개입

지금까지 긍정심리학에서 말하는 다양한 심리개입들을 뒷받침하는 연구 결과들을 살펴보았습니다. 이러한 활동들이 여러분의 직장이나 가정에 도움이 되기를 바랍니다. 긍정심리학자들이 실험을 통해 이러한 심리개입의 효과를 입증했지만, 이것은 소수의 사람들을 대상으로 한 연구였고, 이들에게 과제를 부여한 형태에 불과하다는 한계가 뒤따릅니다. 특히, 조직생활을 하고 있는 사람들은 더 큰 범위나 통합된 형태의 심리개입에 관심이 클 것으로 생각됩니다. 컨설턴트나 교사로 일하는 사람들은 더 많은 이들을 대상으로 긍정성이 어떻게 개발될 수 있을지에 관심이 있습니다. 지역사회 심리학자들은 지역 구획을 변경하거나, 쓰레기 버리지 않기 캠페인이나 금연 운동을 할 때 어떻게 하면 사람들을 더 많이 참여시킬 수 있을지에 대한 심리개입에 더 관심을 두지 않을까 생각합니다. 위의 사례에서 알 수 있듯이 조직변화에 있어서 생산 목표와 만족 목표는 구분됩니다.

생산 목표는 판매 부수, 볼펜 제작 수량, 최첨단 광고 캠페인 개발과 같이 조직의 임무와 관련된 목표입니다. 생산목표는 조직의 목표로 따지면 할리우드 스타 배출과 마찬가지라고 할 수 있습니다. 왜냐하면 이는 업계의 최고 영예, 즉 성공이라고 할 수 있는 아카데미 상과 직결되어 있는 목표이기 때문입니다. 생산 목표가 가장 중요한 부분이기에 조직의 변화를 얘기할 때 이 부분을 주목하게 됩니다. 그래서, 조직의 관리자들은 어떻게 하면 자원을 충분히 활용하여 생산성을 높일 수 있을지 고민합니다.

반면, 만족 목표는 구성원 개인의 주관적인 행복과 연관이 있습니다. 신체건강을 알고 싶을 때 신체 내부의 장기들이 제 기능을 잘하고 있는지 전체적인 균형을 살펴보는 것과 같습니다. 하지만 조직의 생산성이 급증하더라도 의외로 직원들의 만족도는 떨어질 수 있습니다.

공공 서비스 기관을 보면 눈에 띄는 결과가 얼마나 잘 나왔느냐에 따라 정부에서 예산을 배정하기 때문에, 과업 성공률을 높이려고 노력하는 것을 볼 수 있습니다. 한 기관에서 사회복지 프로그램을 담당하고 있는 직원들에게 고객을 만날 기회를 없애고 프로그램의 효과를 보여주는 보고서만 작성하게 했다고 가정해보겠습니다. 이 새로운 정책은 과업의 성과를 평가하거나 보고서의 내용적인 면에서는 이전보다 나을지라도, 직원들의 만족도는 낮아질 위험이 있습니다. 왜냐하면, 보통 사회복지를 직업으로 선택하는 사람들은 타인을 돕고, 관계중심적인 성향이 높기 때문입니다. 그런데 사람들을 직접 만날 기회는 주지 않고, 이들이 가장 의미를 느끼는 일을 못하게 하면 단기적으로는 업무불만족을, 장기적으로는 잦은 결근과 이직으로 생산성이 하락하게 될 가능성이 높습니다. 그래서 생산과 만족 목표를 모두 달성하게 하는 정책의 변화가 가장 효과적이라고 할 수 있습니다.

물론 조직마다 구성원이 다르고 추구하는 목표가 다르기 때문에 최고의 긍정적인 조직으로 변할 수 있는 정답은 없을지도 모릅니다. 모든 조직에 최적의 긍정 공식은 없다는 것입니다. 이 말은, 긍정적인 조직문화를 개발하는 데 있어 효과적인 방법이 여러 가지라는 의미도 됩니다. 특히 조직 문화를 만드는데 있어 리더들은 조직이 어느 정도 변화해야 하는지 기준을 정하고 스스로 새로운 문화를 이끌어 가는 본보기가 되어야 함을 잊지 말아야 합니다. 만약 당신이 코치, 컨설턴트, 관리자의 역할을 맡게 된다면 긍정성에 대한 모델을 구축하고, 팀에 적합한 긍정적 심리개입을 설계한 후, 긍정성을 위한 조직구조를 만드는 역할을 하게 됩니다. 실례로 응용 긍정심리학 센터에서는 직원들의 긍정성을 촉진하는 '긍정 360'이라는 정기적인 모임을 만들었습니다. 이 모임에서 직원들은 함께 얼굴을 맞대고 긍정 피드백을 서로 주고 받습니다. 동료들에게 감사한 것, 일하며 동료들이 발휘하는 강점, 성공 사례에 대한 이야기를 나누고 변화했으면 하는 부분에 대해서도 말합니다. 그 결과는 무척 좋았습니다. 직원들은 자신이 가치 있는 사람이고 인정받고 있으며 함께하고 있다는 느낌이 든다고 말했습니다. 그리고 일의 생산성에 도움이 되지 않는 부분은 바꿔야겠다는 생각도 이전보다 쉽게 받아들이는 듯 했습니다.

물론 이 방법을 실제로 적용하려면, 각기 다른 업무 환경에 맞춰 변형해야 할 것입니다. 건설적 비판을 허용하지 않는 것이 아니라 반드시 긍정적인 피드백이 오고 갈 수 있도록 해야 한다는 것입니다. 리더십과 모델 구축에 덧붙여 긍정적인 동기부여를 위해 매우 중요한 요소는 바로 자율성 존중입니다. 자율성을 존중하는 관리자들은 숙련된 직원들에게 "어떻게" 자신의 목표를 달성할지에 대해 결정할 자유를 줍니다. 임원들과 주주들은 성과를 얻기 위해 "무엇"을 "언제까지" 하라고 결정을 내리지만 직원들은 이를 "어떻게" 달성할 것인지에 대해 스스로 결정할 자유가 있을 때 동기부여 됩니다.

맞춤형 긍정심리학

긍정심리학이 지금까지 입증한 심리개입 연구 결과들을 보면 놀랍습니다. 수백 가지의 효과적인 긍정적 심리개입이 있다고 주장하는 사람들도 있지만, 아직까지는 소수에 대해서만 엄격하게 실험이 시행되었습니다. 그리고 그 중 몇 개의 심리개입이 효과적이라는 사실이 일차적으로 입증되었습니다. 실험을 통해 검증된 결과가 있다는 것은 큰 의미가 있으며 긍정성에 초점을 맞추면 엄청난 힘을 발휘할 수 있다는 점은 매우 신선한 사실입니다. 그렇지만, 긍정심리학의 가능성이 너무 부풀려지거나 이를 적용하는 데 있어서 공식처럼 정형화된 면도 있습니다. 옛 속담에 이런 말이 있지요. "망치만 가지고 있는 사람에게는 모든 것이 못으로 보인다."

많은 전문가들은 감사하기 활동의 효과를 검증하였습니다. 하지만 적합성을 고려하지 않고 모든 클라이언트에게 이 활동을 적용하고 있는 것은 아쉬운 일입니다. 그 활동의 효과가 가장 널리 알려져 있기에 코치, 컨설턴트, 심리치료사 사이에서 자주 활용될 것입니다. 또한 긍정 심리개입의 효과를 아는 것도 중요하지만, 누구에게 어떠한 심리개입이 적절한지 알고 선택하여 적용하는 것이 무엇보다 중요합니다.

조던 실버만은 예비 연구를 하면서, 한 그룹의 코칭 클라이언트들에게는 자신이 직접 활용할 긍정 심리개입을 선택하게 하고, 다른 그룹의 코칭 클라이언트들에게는 같은 비율의 심리개입을 지정해주었습니다. 평균적으로 기존의 연구 결과에서처럼 두 그룹 모두 행복지수는 증가하고 우울지수는 감소했습니다. 하지만, 특이하게도 효과에서 두 그룹 간의 차이는 없었습니다. 긍정 심리개입을 어떻게 적용하는 것이 가장 좋을지에 대해 더 공부해야 할 여지가 있다는 것입니다. 시행착오를 통해서 배우는 것이 최고일 수도 있고, 클라이언트들이 직접 선택하게 하는 것이 가장 좋을 수도 있고, 코치나 긍정심리학자들이 제시해주는 것이 가장 나을 수도 있습니다. 긍정심리학에서는 모든 사람에게 효과적인 한 가지 만병통치약은 없습니다. 심리개입 연구 결과가 효과적이라고 밝혀졌더라도 어떤 대상에게 가장 효과적인지, 언제 그런지, 왜 그런지는 또 다른 문제입니다.

긍정심리학자 소냐 류보머스키는 심리개입의 성공에 있어서 "적절한 이용"이라는 시각의 중요성을 보여주는 연구들을 수행하였습니다. 클라이언트나 학생들을 대상으로 천편일률적인 심리개입을 진행하기보다는 언제 어떤 심리개입이 가장 적합한지를 고려해야 한다고 조언합니다. 소냐의 연구팀은 긍정심리학을 적용하면 좋은 때와 그렇지 않은 때를 알려주는 수많은 요소에 대해 연구를 하였습니다. 그 요소 중에는 동기부여, 개인과 활동 간의 궁합, 지속적인 수행, 노력 등이 있습니다. 요약하자면, 표준화된 긍정 심리개입이 다른 사람들과 비교했을 때 어떤 사람들에게는 더 효과가 있다는 것을 알아냈습니다.

긍정 심리개입으로 진정한 혜택을 누린 사람들은 근본적으로 심리개입에 대한 동기부여가 잘 되어 있고 충분한 노력을 기울이며 결과가 나타날 때까지 지속적으로 수행한 사람들이었습니다. 더 중요한 것은 사람들이 이러한 심리개입을 자신의 정체성이나 가치와 동일시하고 그 활동이 자신이 누구인지 연결된다고 믿을 때 효과가 더 컸다는 사실입니다. 코치이던 컨설턴트이건 교사이건 우리가 해야 할 일은 클라이언트들이 이러한 심리개입을 통해 자신이 가치 있다고 느끼는 결과를 찾도록 연결시켜주는 것입니다. 또한, 가끔은 긍정심리학의 용어들을 클라이언트가 자신의 언어로 더 잘 인지할 수 있도록 설명해주면 도움이 될 것입니다. 행복, 감사, 친절이라는 말들이 때로는 비현실적으로 느껴지기도 하니까요. 고객의 언어로는 이 중요한 개념들이 어떻게 재구성될 수 있을지 고민해보는 시간이 필요합니다. 예를 들어, 친절은 '팀워크'라는 말로 대신할 수 있고 감사는 '성과에 따른 인정'이라는 말로 표현하는 게 나을 수도 있습니다. 심리개입을 현장에 맞게 적용할수록 더 유용하고 효과적인 결과를 낼 수 있습니다.

3.5 연습하기

긍정심리학에서 사용하는 몇 가지 용어들을 여러분의 분야에 잘 맞는 용어들로 바꿔보세요. 가장 적합한 유의어는 무엇일지 생각해보세요.

긍정심리학 용어 표현	해당 분야에 적합한 유의어 표현
행복	
친절	
강점	
감사	
희망	

W3 핵심 포인트

- 실험을 통해 검증된 많은 심리개입들은 긍정성을 높이고, 우울증을 감소시키며 나아가 창의성과 생산성을 향상시키는 데 도움을 줍니다.
- 이러한 심리개입 활동들을 활용하는 방법은 매우 다양합니다. 예를 들어, 효과적인 심리개입으로 알려진 '감사하기'는 일기쓰기 형식으로도 할 수 있고 직접 방문을 통해서도 가능합니다. 뿐만 아니라 나만의 긍정 심리개입 활동을 직접 만들어 볼 수도 있습니다.
- 긍정심리학은 모든 상황에 딱 맞는 맞춤형으로 만들어진 것이 아닙니다. 주어진 상황과 클라이언트의 성향에 맞도록 심리개입을 재구성해야 함을 잊지 마세요.

Week3 읽을거리

Chapter 11: Peterson, C. (2006).A primer in positive psychology. New York: Oxford University Press.
긍정심리학 프라이머, 크리스토퍼 피터슨(2006)
11장을 읽어보세요.

저자는 가정, 학교, 직장 및 사회에서 긍정이 어떻게 도입되는지에 대한 넓은 관점을 제시하고 있습니다. 책의 모든 내용이 전부 나와 관련된 것은 아니더라도 다양하게 적용될 수 있다는 것이 흥미롭습니다. 일터에서의 적용에 특히 더 관심이 있다면 조직 내에서의 가치와 권한, 성향 등을 다룬 부분을 주로 참고하면 됩니다.

3.6 돌아보기

우리는 삶에서 힘든 시간과 좋은 시간을 모두 경험합니다. 긍정적 심리개입이라는 주제를 다룰 때 이러한 개인적인 경험과 지혜를 돌아보는 것은 의미가 있습니다. 여러분이 힘들었을 때 어떤 심리개입이 도움이 되었나요? 모든 것이 다 잘될 때 어떤 심리개입의 역할이 있었나요?

인생 최고의 순간을 떠올려보세요. 일과 삶의 균형이 잘 이루어졌을 때였나요? 아니면 직장에서 승승장구했을 때였나요? 어떤 상황이 그 성공을 도왔나요? 어떤 요소들이 윤활유가 되었나요? 당신이 가진 어떤 강점과 자원들을 활용하였나요? 외부에서 받은 지원은 어떤 것들이 있었나요?

3.7 생활에서 연습하기

긍정적 심리개입의 힘과 효과를 이해하는 가장 좋은 방법은 직접 경험해보는 것입니다. 직접 경험하는 것은 클라이언트에게 적용해보기 전에 좋은 기회가 될 수 있습니다.

감사한 일 3가지 적기 활동을 해보세요. 이 활동만을 위한 일기장 또는 노트를 구입하기 바랍니다. 즐겁게 하는 것은 좋지만 장난스럽게 하지는 마세요. 습관이 될 수 있도록 매일 정해진 시간에 작성하려 노력해보세요. 기분 좋은 하루를 시작하기 위해 아침에 눈을 뜨자마자 할 수도 있고 하루를 마무리하는 의미로 잠들기 전에 할 수도 있겠네요. 매일매일 감사한 일 3가지를 적어보세요. 작은 일이든 큰 일이든 상관 없습니다. 매일 하되 딱 일주일만 하세요. 더 길게 할 필요도 없습니다. 이 활동이 일상에서 당신의 의식과 행동에 어떤 영향을 미치는지 생각해보고 기분은 또 어떤지 살펴보세요. 만일 효과가 있다면 그 이유는 무엇인지, 없다면 또 무엇 때문인지도 생각해보세요.

중간 과제

축하합니다! 이 책의 중간까지 오셨네요. 학습을 위한 다양한 창구를 제공하기 위해, 지금까지 배운 내용을 적용해볼 수 있는 기회를 드리고자 합니다. 아래 3가지 질문에 대한 답변을 가능한 한 문단 정도로 작성해보세요.

1. 한 친구가 "너 왜 긍정심리학 같은 공부나 하면서 시간을 낭비하고 있어?"라고 말한다면 지금까지 배운 것을 바탕으로 그 이유를 어떻게 설명하시겠습니까?

2. 지금까지 배운 것을 떠올리며, "사람에게 감정이 필요한 이유"에 대해 간략히 작성해보세요. 즉, 감정의 기능을 알 수 있는 답변이 되겠네요.

3. 긍정적 심리개입의 이점과 한계점에 대해서 간략하게 기술해보세요.

Week 4
강점 집중

Week 4
강점 집중

잠시 어린 시절을 떠올려보세요. 우리 모두가 공통적으로 경험한 일들이 있을 것입니다. 아무리 교육 제도가 달라도 대부분 공통적으로 체육시간은 다 있었습니다. 체육시간에는 두 팀으로 나뉘어 경기를 하는 경우가 종종 있지요. 축구, 하키, 크리켓, 라크로스, 농구 어떤 경기든 상관없이 팀을 짜는 방법은 거의 비슷합니다. 먼저 팀의 주장을 지정하거나 선출하고 번갈아 가면서 선수들을 선택합니다. 언제나 운동을 잘하는 친구들이 먼저 뽑히고 운동을 잘 못하는 친구들이 맨 마지막에 선택됩니다. 처음 절반의 선별은 운동을 잘하는 친구들을 뽑는 것에 초점이 맞춰지고 다음 절반은 운동을 못하는 친구들 중에서 신중한 선택을 통해 팀의 피해를 줄이려는 데 중점을 둡니다. 메시지는 늘 분명합니다. 경기에서 이기려면 잘하는 사람들이 많은 팀, 즉 강점을 기반으로 이루어진 팀이 필요하다는 점입니다. 또 한 가지 중요한 메시지는 강점을 먼저 본 후에 약점을 관리한다는 것입니다.

물론 이런 식으로 체육시간에 팀을 짜는 것은 모든 아이들에게 공정하거나 사려 깊은 방법은 물론 아니었지만 명확하고 알기 쉬운 전략이었습니다. 특히 흥미로운 점은 전적으로 강한 팀의 잠재력을 활용하는 강점기반방식이라는 것입니다. 우리는 성인이 되어서도 가장 재능 있는 직원들을 선발하려 하거나 최고의 배우자와 결혼하려 하고 최고의 특성(품종)을 가진 애완동물을 구입하고, 가장 믿을 수 있는 친구들과 시간을 보내려고 합니다. 우리 모두는 알게 모르게 다양한 형태로 강점에 초점을 맞춰 선택한 경험들이 있습니다.

4.1 생각거리

강점에 대해 더 깊이 있게 들어가거나 긍정심리학자들이 주장하는 강점의 정의를 듣고 영향을 받기 전에, 잠시 여러분은 강점이란 개념을 어떻게 이해하고 있는지 생각해보세요.

여러분은 강점을 어떻게 정의하고 있나요? 사전에는 어떻게 정의되어 있나요? 강점, 기술, 재능, 도덕 그리고 가치라는 개념들 사이에는 중요한 차이가 있을까요? 이런 개념들은 서로 연관이 있나요? 이 단어들은 서로 같은 의미로 사용될 수 있을까요? 여러분의 생각을 자유롭게 작성해보세요.

어린 시절, 팀 간의 경쟁을 되돌아보면 최종적인 관심은 팀을 구성하는 것 자체가 아니라 경기를 잘하는 것에 있었습니다. 가장 중요한 것은 팀을 구성한 뒤에 일어나는 일입니다. 실제 경기를 너머 좀 더 확장해본다면 인생의 경기에서 무슨 일이 일어나는가 하는 것이지요. 강점을 활용하고 약점을 관리하는 방식은 얼마나 경기의 승리에 중요한 영향을 미칠까요? 최고의 재능을 가진 인재들을 선발한 스포츠팀이나 회사, 대학들은 과연 실제로 최고의 성과를 누리고 있을까요? 들리는 이야기 또는 그냥 느끼기에도 그런 것 같고, 앞으로 우리가 보게 될 연구 결과들에서도 '그렇다'라는 답을 제시하고 있습니다. 이렇게 강점기반방식은 당연한 상식처럼 여겨짐에도 불구하고 대다수의 사람들은 과거 체육시간의 불쾌한 기억 때문인지 초등학생에서 성인이 되는 사이에 이를 잊어버리고 맙니다. 왜 그런지 모르겠지만 우리가 문제를 해결하려고 노력하는 과정에서 유년시절의 체육시간처럼 강점에 초점을 맞추던 이전의 경향은 사라진 것 같습니다.

직장에서는 많은 관리자들이 문제 직원 한 명의 부족한 행동을 교정하거나 팀의 약점을 강화하기 위해 많은 시간을 보냅니다. 학교에서도 선생님들은 소란스러운 몇몇 학생들의 행동에 필요 이상의 시간을 허비하고 반 분위기를 흐리는 학생들에게 더욱 신경을 쓰는 경향이 있습니다. 그렇습니다. 우리는 문제를 잡아내는 데는 도사입니다. 개인의 생활 속에서도 우리는 대부분 자신이나 배우자의 결점과 한계에 대해서는 지나치게 잘 알고 있습니다. 어른들은 아예 반대로 생각하는 경우도 많습니다. 즉, 강점은 잘 활용되고 있기 때문에 굳이 신경쓸 필요가 없고 대신 문제를 극복하는 일에 집중 해야 한다고 생각합니다(앞서 언급한 포트랜드 주립대학 학생의 예를 한 번 떠올려 보십시오).

응용 긍정심리학 센터의 이사인 알렉스 린리는 이런 현상을 "평범의 저주"라고 설명합니다. 알렉스는 대부분의 사람들이 삶의 모든 영역에서 잘하고 싶은 비현실적인 강한 욕구를 가지고 있기 때문에 약점을 지나치게 잘 알고 이를 극복하는 데 많은 자원과 노력을 사용한다고 합니다. 그러나 이런 견해는 근시안적인 면이 있습니다. 우리의 강점을 대수롭지 않게 여기는 것은 우리의 잠재력을 약화시키는 것입니다. 문제중심 사고는 잘 되고 있는 일을 더 발전시키는 것이 얼마나 가치 있는 일인지 인정하지 않는 것과 마찬가지입니다. 어쨌든 우리는 차가 잘 작동할 때도 정기적인 점검을 하고 아프거나 뼈가 부러지지 않았어도 건강검진을 받습니다. 우리의 몸 상태가 안 좋은 부분을 줄이기 위해서라기보다 신체단련을 하기 위해 체육관에 갑니다. 다시 말해 꼭 문제에만 집중할 필요는 없다는 뜻입니다.

강점기반 접근법은 긍정심리학에서 가장 많은 공을 들여 연구한 주제 중 하나이며 여러분이 직장이나 가정에서 가장 유용하게 활용할 수 있는 기술이 될 것입니다. 많은 연구에서 약점을 보완하려고 노력하는 것보다 우리의 강점을 발견하고 활용하는 것이 더 나은 성과를 낼 수 있다는 결과를 보여주고 있습니다. 이러한 결과들은 우리의 직관에 반대되는 생각일 수도 있고 어떤 사람들에게는 이것을 받아들이는 데 시간이 걸릴 수도 있습니다. 예를 들면 조직의 많은 관리자들은 최악의 직원들을 신경을 써서 관리하겠다고 다짐하곤 합니다. 논리적으로는 맞는 말이지만 실제 관리자들은 대부분의 시간을 몇몇 저성과자들을 위해 쓰게 되는 경우가 많습니다. 결국 재능 있는 직원들을 이끌어주거나 제대로 된 지시를 내리고 이들을 관리하는 일에는 소홀하게 되는 것이지요.

갤럽의 연구들은 고성과자들과 개인의 강점에 집중하는 방식이 개인, 팀, 그리고 조직에 최고의 성과를 가져다 줄 수 있다는 결과들을 보여줍니다. 유능한 관리자들에 대한 연구에서도 이들은 인사 결정을 할 때 연공서열보다는 강점을 고려하고 업무와 재능을 매치 시키려고 노력하며 성과를 잘 내는 직원들에게 더 많은 시간을 쓴다고 합니다. 또한 여러 다른 산업에 종사하는 수천 명의 직원들을 대상으로 한 연구에서도 '자신이 가장 잘하는 일을 매일 할 기회'가 있는 직원들이 이직이 적고 고객 충성도가 높으며 생산성도 좋다는 결과가 나왔습니다. 가장 잘할 수 있는 일을 할 수 있는 기회는 효과성, 가치, 의미, 생산성과 직결됩니다. 다시 말해 강점을 활용할 수 있는 기회를 가진 직원들(학생들과 고객들)이 더 몰입을 잘 한다는 뜻입니다. 실제로 알렉스 린리는 이런 형태의 몰입은 강점의 정의 속에 이미 내재되어 있다고 말합니다. 강점의 정의 중에서 중요한 한 부분은 '활력을 준다'는 점입니다. 여러분들이 공감할지 모르겠지만, 자신이 잘하는 일을 하고 있을 때, 즉 가장 강한 강점의 일부를 활용하고 있을 때 느꼈던 흥분과 즐거움을 떠올려 보면 이해하실 수 있을 것입니다.

이쯤에서 약점에 대한 우려를 논의해보는 것도 좋겠습니다. 어떤 사람들에게는 약점을 무시하고 전적으로 강점에만 초점을 맞추어야 한다는 생각이 불편할 수 있습니다. 물론 그럴 만한 타당한 이유가 있습니다. 삶 속에서 결점과 한계를 무시하라고 주장하는 것은 아닙니다. 실제로 여러분의 가장 큰 약점을 아는 것은 중요하고 때로는 약점들을 보완하고 극복하려는 시도를 해야 합니다. 단지 긍정심리학 연구에서 강조하는 점은 강점에 관심을 갖고 개발하고 활용하면 더 많은 유익을 얻을 수 있다는 것입니다. 사람들은 타고난 약점들을 극복하기 위해 너무 많은 자원들을 쓰는 오류에 쉽게 빠지곤 합니다. 이런 자원들을 강점을 개발하는 데 사용한다면 더 좋을 것입니다. 알렉스 린리는 강점을 개발하는 데 집중할 것을 권하면서 동시에 때로는 약점에 관심을 가질 필요가 있다고 말합니다. 저 역시 여러분에게 항상 강점을 살리며, 늘 행복하고 가장 잘할 수 있는 일들에만 집중하라는 지나친 낙관주의를 권하는 것은 아닙니다. 갤럽의 전직 CEO인 도널드 클리프턴이 고객들을 상담할 때 말했듯이 약점을 관리하여 성과에 영향을 미치지 않도록 하는 것이 중요하나 성공을 위해서는 강점개발이 필요하다는 뜻입니다.

미시간대학의 긍정심리학자인 크리스토퍼 피터슨은 긍정심리학에서 갤럽연구들을 사용하여 갤럽에서와 같이 몰입하는 직원들과 그렇지 않은 직원들을 구분하였습니다. 갤럽에 의하면 조직에서 몰입하지 못하는 직원들은 고객들의 반감을 사고 건강문제도 더 많고 잦은 이직으로 더 큰 비용을 발생하게 합니다. 피터슨은 이 현상을 "비몰입 직원들의 현실"이라고 설명합니다. 대조적으로 피터슨은 몰입한 직원들이 더 나은 업무수행을 하는 것을 "행복한 직원의 가설"이라고 합니다. 조직에서 상위그룹과 하위 그룹의 성과차이는 물론 재능의 차이로 설명할 수도 있겠지만 칭찬, 격려 혹은 강점 활용 기회도 차이를 만들어 내는 요소일 수 있음을 고려해야 합니다.

강점은 무엇이고 어떻게 알 수 있을까요?

과학으로서의 강점과 관련한 많은 역사적 일화들이 있습니다. 아리스토텔레스와 고전 그리스의 사상가들은 인간에게 중요한 수많은 덕목들을 줄줄이 제시하였습니다. 여러 종교에서도 이와 마찬가지로 희생, 근면, 인내와 같은 덕목을 강조했습니다. 최근에는 사회복지, 경영, 교육분야에서 강점 기반의 잠재적 유익에 관심을 갖기 시작했습니다. 강점의 심리학적 연구는 1930년대에 하버드 연구원 고든 올포트로부터 시작되었습니다. 올포트는 성격이라고 불리는 친절함, 열정 같은 주요 특질을 연구하고 정의하는 것에 관심이 있었습니다. 그는 사람들이 상당부분 타고 나는 결정적이고 고유한 성격을 가지고 있다는 것을 믿었고 이러한 지배적 성격 성향이 어느 정도 의사결정과 행동에 영향을 미친다고 말합니다. 그가 남긴 이론은 여러분이 사람들에 대해 생각하는 방식에 영향을 미칠 수 있습니다. 여러분이 아는 사람들 중에 외향적 성격, 급한 성격, 진지한 성격 등 상대적으로 쉽게 변하기 어려운 성격을 가진 사람들이 있을 것입니다. 그리고 이러한 특질들은 상당히 일관적이어서 시댁 식구들의 방문에 배려심이 있고 친절하게 행동하는 사람은 새로운 직장에서도 배려심이 있고 친절할 것이라고 생각하게 됩니다. 성격이론의 선구자인 올포트는 성격연구들이 철학, 종교 및 도덕성 연구들과 차별화되기 위해서는 특질에 대한 많은 실증연구가 필요하다고 주장했습니다. 아쉽게도 올포트의 성격과 덕목에 관한 연구는 2차 세계대전 이후 재향군인들의 정신질환이라는 시급한 현안 때문에 뒤로 밀리게 됩니다. 최근에 비로소 심리학자들은 강점을 이해하고 분류하는 데 관심을 돌릴 수 있었습니다.

이런 심리학자들 중의 한 사람이 바로 일리노이 대학에서 1950년대에 성격연구를 한 영국의 심리학자 레이몬드 케텔 입니다. 그는 성격연구를 진척시켰고 이는 우연하게도 강점연구로 발전되었습니다. 케텔은 올포트가 만든 복잡한 4,000개의 특질 목록을 통계를 활용해 16개의 공통요인으로 줄였습니다. 이는 “외향적 대 내성적”, “긍정적 대 침울한”, “성실함 대 충동적” 등 8개의 양극 분류로 구성되어 있습니다. 케텔의 이러한 분류에 일리 있는 비판도 있습니다. “겸손한”의 반대가 “적극적”이라고 보기 힘들며, “소심한”이 “모험적”과 반대라고 생각하지 않을 수 있습니다. 그러나 어떤 통계적 덕목이나 지적 결점에도 불구하고 케텔의 모델은 사람들의 최고의 특성인 강점을 공식적으로 분류하기 시작했다는 점에서 의미가 있습니다. 어떤 사람은 성실함이 강점일 수 있고, 또 다른 사람에게는 정서적 안정이 강점일 수 있습니다. 케텔의 성과는 사람들의 특질을 과학적으로 새롭게 분류함으로써 약점뿐만 아니라 강점도 고려할 수 있게 되었다는 데 있습니다.

70년대와 80년대에 들어 당시 갤럽의 대표였던 심리학자 도날드 클리프턴은 강점에 관심을 갖게 되었습니다. 클리프턴은 근대 심리학자들 중 “사람들에게 잘하고 있는 것을 물어보면 어떨까?”라는 질문을 처음 한 사람으로 진정한 긍정심리학의 선구자입니다. 많은 국제경영의 경험으로 클리프턴은 일을 가장 잘하고 있는 사람들을 연구하면서 엄청난 잠재성을 발견하였습니다. 조직에서 높은 성과를 내는 사람들은 분명 연구할 점이 있을 것이라는 생각을 가지고 최고관리자들로부터 정보를 수집하기 시작했습니다. 클리프턴과 동료들은 누구나 타고난 재능이 있다는 것을 믿게 되었습니다. 재능은 진정성이 있고 힘을 북돋아 주며 열정을 느끼게 합니다. 갤럽의 고성과자들의 재능에 대한 연구는 최초로 광범위하게 사용된 강점 분류인 클리프턴 스트렝스파인더로 만들어졌습니다. 갤럽의 등록 상표인 스트렝스파인더는 구성원들의 재능을 알기 위해 사용됩니다. 여기에는 '설득', '성취', '공감'과 같은 역량이 포함되어 있습니다. 이 진단을 사용해봤다면(갤럽이 출판한 책, '강점혁명'을 사면 1회 진단할 수 있는 코드를 받을 수 있습니다) 당신이 가진 최고 강점에 대한 긍정적인 피드백을 받는 느낌이 얼마나 좋은지 직접 경험했을 것입니다. 갤럽의 고객들은 스트렝스파인더를 채용, 팀 구성 및 인사에 관한 결정을 내릴 때 활용합니다. 이 방법은 최적의 수행을 할 수 있도록 개인을 배치하거나 팀을 구성할 때 좋은 방법입니다. 스트렝스파인더는 여러 조직에서 많이 사용되고 있지만 몇 가지 제약점도 있습니다. 첫째, 등록상표가 있기 때문에 사용료를 지불해야 하고 수집된 모든 데이터를 이용할 수 없습니다. 그래서 이것에 대해 더 이상 길게 논의하지는 않으려고 합니다. 뿐만 아니라 스트렝스파인더는 특별히 성과와 연계된 업무나 교육 같은 환경에는 적합하지만 관계나 삶의 다른 영역에는 적용시키기 어렵습니다.

강점의 간결한 정의를 알고 싶은 분들을 위해 여기 알렉스 린리의 멋진 정의를 소개합니다.

> 강점은 우리가 특정한 방식으로 행동하고 생각하고 느끼도록 하는 이미 내재된 능력으로서 이를 활용할 때 진정한 나다움을 느끼고 활력이 생기며, 이를 통해 우리는 가장 탁월한 수행을 할 수 있고 발전할 수 있으며 나아가 성과를 낼 수 있습니다.

강점의 이런 정의는 늘 도움이 됩니다. 첫째, 강점을 능력이라고 이야기하는 부분이 참 마음에 듭니다. 즉, 강점은 살아있는 가능성으로 언젠가 제대로 쓰일 적당한 때를 기다리며 우리 안에서 활활 타오르는 불꽃 같은 것이지요. 여기서 "진정한 나다움"을 강조하는 것도 자기 자신을 제대로 이해하고 있다는 뜻이기 때문에 중요한 핵심이라고 할 수 있습니다. 많은 사람들이 두루두루 다양한 강점을 갖추기를 원할 수 있습니다. 자신을 용감하면서도 너그럽고 동시에 교육적인 사람이라고 생각하고 싶어하지요. 저도 아침형 인간보다는 올빼미형 인간이고 싶고, 눈 덮인 산을 즐기는 만큼 햇빛이 가득한 해변가를 사랑하고 싶습니다. 그러나 현실은 선천적인 것인지 후천적인 것인지는 모르겠지만 저는 아침에 최상의 상태인 아침형 인간이며 추위보다는 더위를 훨씬 더 참지 못하고 투덜거리는 사람입니다. 그것이 진정한 내 모습입니다. 마찬가지로 여러분들도 자신이 너그러운 사람인지 아닌지 창의적인 사람인지 아닌지를 파악해 스스로를 인정하게 되면 더 이상 내가 갖고 있지 않은 덕목을 갖추기 위해 억지로 노력하며 자신을 괴롭히는 일은 없을 것입니다. 마지막으로 무엇보다 강점을 통해 사람들은 활기찬 생활을 할 수 있습니다. 자신의 진정한 강점을 활용함으로써 사람들은 몰입하게 되고 활력을 얻을 수 있습니다. 가장 자신 있는 강점을 활용할 때 짜릿함 같은 기분을 느낄 수 있습니다. 스티븐 코비의 말대로 잠시 쉬면서 '쇄신하는 기회'를 갖는 것은 쓸데없다는 뜻이 아닙니다. 비유하자면 여러분이 자동차라고 했을 때 강점영역에서 여러분의 연비가 훨씬 더 높을 수 있다는 뜻입니다.

4.2 생각거리

본인의 강점에 대해 생각해보세요. 가장 먼저 생각나는 빛나는 특성은 무엇인가요? 다른 사람들은 여러분의 어떤 점을 칭찬하나요? 학교에서 또 성장하면서 어떤 칭찬을 들었나요? 현재 이런 강점들을 얼마나 활용하고 있고, 당신의 성공에 얼마나 기여를 했나요? 반면 약점을 보완하기 위해서는 얼마나 많이 노력했나요? 자유롭게 답을 적어보세요

The VIA

올포트, 클리프턴 등 여러 학자들의 연구는 긍정심리학자 크리스토퍼 피터슨과 마틴 셀리그만의 강점연구에 영향을 미쳤습니다. 2000년 초반에 셀리그만은 강점의 공식적인 분류체계를 만들고자 하였습니다. 정신의학과 심리학에는 DSM, 정신장애의 진단 및 통계편람이라는 정신질환의 공식적인 분류체계가 오래 전부터 있었습니다. DSM은 주로 우울증이나 불안증 같은 다양한 정신장애의 증상을 집대성해 놓은 것으로 임상의들이 정신장애를 진단하고 처방하는 데 사용하고 있습니다. 셀리그만은 "사람들의 강점들을 진단할 수 있는 DSM에 상응하는 공식적인 분류체계가 있다면 좋지 않을까"라는 생각을 곰곰이 했습니다. 그것은 정말 매력적인 생각이었습니다. 여러분의 아이들을 가장 잘하는 것이 무엇인지 매년 진단하는 학교에 다닌다고 상상해보세요. 대학의 입학원서에 진부하게 "강점과 약점을 간단하게 진술하십시오" 대신 "언제 당신은 최상의 상태입니까?"라는 질문이 있는 건 어떨까요?

제 가족 이야기를 하나 들려 드리겠습니다. 몇 해 전에 제 여동생인 메리 베스는 몇 곳의 임상심리학 대학원 과정에 지원하고 있었습니다. 어느 날 오후, 차로 두 시간 걸리는 학교에서 면접이 있었습니다. 그런데 가는 길에 끔찍한 사고를 목격하게 되었습니다. 앞에 있던 장거리 트럭이 고속도로에서 벗어나 뒤집히고 자체가 꺾여 있었습니다. 여동생은 즉시 차를 세우고 트럭으로 달려갔습니다. 깨진 앞 유리 사이로 올라가 다친 기사를 도왔습니다. 이름을 묻고 모든 능력을 동원해 얼마나 다쳤는지 살펴보면서 구조대원이 도착할 때까지 옆에서 그를 안정시켰습니다. 여러분도 짐작하셨겠지만 제 여동생은 옷에 꽤 많은 피를 묻히고 부스스한 차림으로 면접시험에 늦었습니다. 하지만 행정직원은 여러분이 상상하는 대로 동생의 패기에 깊은 감명을 받았습니다. 또한 면접관들은 그 자리에서 바로 입학을 제안하는 것을 제외하고는 모든 호의를 보였고 몇 주 후에 공식적으로 입학을 허가했습니다. 이 이야기의 흥미로운 점은 이 사건이 제 여동생의 용감함 혹은 빠른 판단력을 보여주는 기회가 아니라 이런 강점들이 아주 유리하게 쓰일 수 있음을 보여준 것입니다. 면접관들 역시 이 점을 알아차렸습니다. 이후 제 여동생은 학교에서도 뛰어난 성과를 보였고 졸업 후에도 상당히 성공적인 경력을 이어갔습니다.

강점들을 측정하는 것이 가능하고 유용하다는 생각을 바탕으로 피터슨과 셀리그만은 상대적으로 보편적인 개인의 강점들을 발견하는 기념비적인 작업을 시작했습니다. '시간 엄수'와 같은 특정한 덕목들은 문화적으로 의미가 다를 수 있고 모든 사람에게 유용하지 않으며 시간이 지나도 변치 않을 덕목은 아니라고 판단했습니다. 보편적인 강점들을 찾기 위해 피터슨과 셀리그만은 종교와 철학 분야의 방대한 문헌을 참조하였습니다. 성서, 코란, 바가바드기타(인도 고대 서사시인 Mahabharata의 일부), 아리스토텔레스, 칸트와 오거스틴의 서적도 살펴보고, 고전문학, 오래된 예법서, 보이스카웃 선서 그리고 심지어는 인기리에 방영되었던 드라마 스타트렉에서 외계종족이 가상으로 사용한 클링콘 문서도 찾아볼 정도였습니다. 이렇게 많은 자료들 속에서 시간과 문화를 초월해서 지지되어 온 핵심 덕목들을 뽑았습니다. 그리하여 피터슨과 셀리그만은 보편적이라고 생각하는 24개의 성격강점 후보 목록을 개발하였습니다. 실제 이 목록들이 다른 문화에서는 어떻게 해석되는지를 보기 위해 북그린랜드, 케냐의 시골, 미국 중서부 등의 연구 참여자들을 대상으로 조사를 했습니다. 다양한 문화권의 사람들이 24개의 강점을 이해했고 유용하고 바람직하다고 인정했으며 남녀노소 모두가 가질 수 있는 덕목이라고 답했습니다. 그리고 이러한 강점들을 개발하는 문화적 기관들이 있고 일반적으로 유년 시절에 이러한 특성들이 정립되면 좋겠다는 생각을 했습니다. 이렇게 개발된 24개의 강점들은 아래와 같습니다.

24개의 성격강점과 핵심덕목(마틴 셀리그만 & 크리스토퍼 피터슨, 2004)

지혜와 지식: 지식을 획득하고 활용하는 것과 관련된 인지적 강점

1. 창의성: 새로운 방식을 생각해내는 능력
2. 호기심: 일어나고 있는 현상과 경험에 관심을 갖는 마음
3. 개방성: 다양한 측면에서 생각하고 반론을 검토하는 능력
4. 학구열: 새로운 기술, 주제, 지식을 배우고 숙달하는 능력
5. 통찰: 타인에게 현명한 조언을 하는 능력

용기: 반대에도 불구하고 목표를 성취하려는 의지와 관련된 정서적 강점

1. 용감함: 위험, 도전, 어려움, 고통으로부터 물러서지 않는 힘
2. 인내: 시작한 일을 끝내는 능력
3. 정직함: 자신을 진정성 있게 드러내는 능력
4. 활력: 열정과 에너지를 가지고 삶에 임하는 태도

인간애: 다른 사람들을 보살피고 친밀해지는 것과 관련된 대인관계적 강점

1. 사랑: 다른 사람과의 친밀한 관계를 소중히 여기는 마음
2. 친절: 다른 사람의 부탁을 들어주고 선의를 베푸는 행동
3. 사회지능: 자신과 다른 사람의 동기와 감정을 파악하는 능력

정의: 건강한 공동체 생활을 하는 것과 관련된 시민사회적 강점

1. 시민의식: 팀이나 그룹의 일원으로 협력하는 태도
2. 공정함: 모든 사람을 동등하게 대하는 태도
3. 리더십: 집단의 목표를 달성하도록 구성원들을 격려하는 능력

절제: 지나치거나 치우치지 않게 조절하는 능력에 관한 강점

1. 용서와 자비: 잘못한 사람을 너그럽게 감싸는 마음
2. 겸손: 주목 받으려 하지 않고 자신의 성취를 스스로 드러내지 않는 태도
3. 신중함: 선택을 조심스럽게 하는 능력
4. 자기조절: 자신의 감정과 행동을 조절하는 능력

초월성: 더 큰 우주와 연결성을 추구하고 의미를 부여하는 능력

1. 심미안: 아름다움과 뛰어남을 인식하고 가치를 부여하는 능력
2. 감사: 좋은 일을 알아차리고 이에 감사하는 태도
3. 희망: 최고의 상황을 기대하고 성취하기 위해 노력하는 태도
4. 유머: 웃는 것을 좋아하고 다른 사람들을 유쾌하게 만드는 능력
5. 영성: 인생의 궁극적 목적과 의미에 대한 일관성 있는 신념

4.3 돌아보기

24개 강점 목록을 한 번 살펴보세요. 이 목록이 얼마나 정확하고 완벽하다고 생각하나요? 피터슨과 셀리그만은 여러분이 생각하는 대부분의 중요한 특성들을 포함시켰나요? 혹시 추가하고 싶은 덕목이 더 있나요? 이 목록에서 빼야 한다고 생각하는 강점들이 있나요? 여러분의 생각을 자유롭게 적어보세요.

피터슨과 셀리그만은 VIA 라고 불리는 강점검사를 개발했습니다. 웹사이트에서 무료로 검사할 수 있으며 5개의 대표 강점을 확인할 수 있습니다. 검사는 온라인 www.viacharacter.org에서 할 수 있습니다(등록을 해야 하지만 무료이고 비밀유지가 됩니다). VIA는 인터넷의 속도와 읽기 속도에 따라 다르겠지만 20분에서 45분 정도 걸리는 꽤 긴 검사입니다. VIA는 강제선택 방식의 검사로 개개인이 가진 강점들의 순위를 보여주지만 개인의 특성을 다른 사람들과 비교할 수 없는 방식입니다. VIA의 가장 큰 장점은 확실한 연구 결과를 기반으로 하고 있다는 점과 널리 사용되고 있다는 점입니다. VIA의 강점들은 54개국을 비롯하여 군대와 민간인들의 표본을 대상으로 비교되었고 삶의 만족도와 연관이 있습니다. 또한 질병으로부터의 회복을 돕는 요인이고 조직에도 영향을 미친다는 연구들이 있습니다.

VIA는 여러분들이 클라이언트나 학생들에게 사용할 수 있는 유용한 검사 도구입니다. 개인적으로 코칭을 할 때 클라이언트들에게 VIA검사를 하게 하고 강점을 어떻게 최대한 활용하여 문제를 해결하고 아이디어를 얻을 수 있을지 논의합니다. 대부분의 클라이언트들은 VIA의 긍정적인 면에 매료되고 자신들이 가장 잘 할 수 있는 것들에 긍정적인 피드백을 받는 것을 좋아합니다. 흥미롭게도 많은 사람들은 VIA의 결과에 놀랍니다. "저는 제가 호기심이 많은 줄은 알고 있었지만 한 번도 제 자신을 용기가 있다고 생각해본 적은 없었어요"와 같은 말을 자주 듣습니다. 이런 말은 포트랜드 주립대학의 긍정심리학 강의를 들었던 학생들에게 특별히 더 많이 들었습니다. 용서, 리더십, 창의성 같은 강점들은 자신이 잘 모르는 경우가 많습니다. 가끔 이렇게 예상과 다른 VIA 결과들이 나오면 클라이언트들이나 학생들은 자신이 그 동안 간과했던 강점들을 새삼 깨닫게 되었다는 의미 있는 이야기들을 합니다. 예를 들면 클라이언트에게 팀 미팅에서 어떤 팀원을 옹호하기 위해 목소리를 내는 것도 용감함이라는 점을 상기시키면 그 강점을 인정하고 자신의 강점으로 받아들이는 데 도움이 될 수 있습니다. 창의성은 시각예술에만 적용되는 것이 아니라 새로운 아이디어를 생각해내거나 참신한 연관성을 생각해내고 기발한 재담을 하는 능력도 해당된다는 것을 알려주며 클라이언트는 그 강점을 활용할 수 있는 가능성에 눈을 뜨게 되고 그것이 자신의 강점임을 받아들일 수 있게 됩니다.

셀리그만, 피터슨 그리고 그들의 동료들은 '감사하기' 등 여러 가지 긍정심리학의 심리개입들의 효과성을 검증하기 위해 대조실험을 진행했습니다. 이 중에서 특히 두 개의 심리개입이 VIA와 관련이 있었는데 하나는 강점을 파악하는 것과 다른 하나는 일주일 동안 이를 의도적으로 활용하게 하는 것이었습니다. 두 개의 심리 개입 모두 예상보다 효과가 높았고 실험참가자들의 우울감을 감소시키고 행복수준을 높인다는 결과가 나왔습니다. 이제 클라이언트들, 부하직원들, 학생들에게 VIA를 활용할 수 있는 다른 방법이 있습니다. 이들이 의식적으로 특정한 강점을 인지하고 활용할 수 있도록 함께 도와주고 문제가 있을 때나 중요한 의사결정을 해야 할 때 그 특정한 강점을 활용할 수 있도록 격려하는 것입니다. 경험상 사람들은 이 활동을 호의적으로 받아들이고 자신의 최고 강점을 활용하는 것을 좋아합니다. 그러나 가끔 어떤 사람들은 자신의 약점을 보완하기 위해 노력해야지, 왜 강점을 활용해야 하는지 이해하지 못할 때도 있습니다. 때때로 이런 사람들은 긍정심리학 연구 결과에 혹해서 또는 그냥 재미 삼아 이런 활동에 참여하기도 합니다. 대부분의 경우 이 활동에 동기부여가 되어 실천한 사람들은 즐겁고 몰입이 잘 되며 나아가 삶의 행복과 목적의식도 느낄 수 있다고 말합니다.

4.4 돌아보기

잠시 24개의 VIA 강점들 중, 가장 공감이 되는 강점은 무엇인지 생각해보세요. 그 강점들 중 특별히 좀 더 새롭게 다가오는 강점들이 있나요? 이 특정한 강점을 클라이언트에게 어떻게 활용할 수 있을지 상상해보세요. 어떤 질문들을 할 수 있을까요? 어떤 개인 사례를 공유할 수 있나요? 영감을 주기 위해서 어떤 것들을 활용할 수 있을까요? 어떤 통찰을 제공할 수 있을까요?

이제 VIA 강점들 중 낯설게 느껴지는 강점들에 대해 생각해보세요. 여러분은 그 강점들을 중요하게 생각하지 않거나 아주 생소하다고 생각할 수 있습니다. 만일 클라이언트의 대표 강점이 여러분이 생각하기에 낯설게 느껴지는 강점들이라고 생각한다면, 이 상황이 어떤 영향을 미칠까요? 어떻게 하면 나의 주관적인 생각들을 극복하고 이렇게 생소한 강점을 이해하고 중요하게 생각할 수 있을까요? 자유롭게 생각을 적어보세요.

VIA를 넘어

어떤 면에서는 이해가 가기도 하지만 VIA를 알게 된 많은 심리학자들, 코치들과 컨설턴트들은 이 진단에 완전히 빠져 새로운 혁신을 지속적으로 시도해야 한다는 것을 잊기도 합니다. VIA는 우수한 도구이지만 강점진단에서 완벽한 도구는 아닙니다. VIA는 성격강점에 초점을 맞추고 있으며 기술, 재능과 능력을 고려하지 않았고 일상생활에서 중요한 많은 대인관계에서 일어나는 역학관계에 대한 고려도 포함되어 있지 않습니다. 알렉스 린리는 다른 종류의 유용한 강점들을 찾았습니다. 예를 들면 '회복력'은 삶에서 어려운 일을 겪었을 때 이 경험들을 활용하여 오히려 더 앞으로 나아갈 수 있도록 하는 타고난 재능이라고 할 수 있습니다. 단순한 '회복탄력성' 그 이상의 의미로, 이 전 상태로 회복되는 것을 넘어 더 발전하는 능력을 말합니다. 다른 예로는 '자존감 북돋아주기'가 있습니다. 여러분이 누군가를 만났을 때 자신이 괜찮은 사람이라고 느껴지게끔 하는 사람들을 알고 있을 것입니다. 여러분이 그런 사람일 수도 있습니다. 이런 사람들은 타인의 모든 좋은 점들을 알아보고 그 사람을 기분 좋게 만드는 적절한 표현을 할 수 있습니다. 여러분도 어느 정도는 아직 명명되지 않은 보편적인 강점들을 알아볼 수 있는 안목이 있을 수도 있습니다. 간단한 예를 들면 저는 거의 막판까지 일을 미루는 것처럼 보이다가 마지막 순간에 빠르게 우수한 성과를 내는 사람들을 알고 있습니다. 흥미로운 점은 대다수의 사람들이 이런 자신의 행동에 대해 자책을 많이 한다는 것입니다. 그러나 어떤 사람에게는 그런 행동들이 자연스러운 것일 수 있다는 생각이 듭니다. 월요일부터 목요일 아침까지 컴퓨터 게임을 하다가(제가 그렇다는 것은 아닙니다) 갑자기 일을 시작해서 금요일까지 모든 일을 그것도 우수한 수준으로 끝내버리는 사람들입니다. 이런 사람들을 "인큐베이터"라고 부를 수 있습니다. 어떤 경우든 효율적으로 우수한 결과를 만드는 그들의 방식은 실제로 상당한 강점이라는 것을 쉽게 알 수 있습니다.

가끔 전문영역에서 다른 사람들과 일을 할 때 강점 외에도 더 많은 것을 신중하게 고려해야 합니다. 사람들이 성장할 수 있도록 돕기 위해 자원, 재능, 능력과 다른 특성들도 당연히 검토해야겠지요. 비슷한 맥락에서 가장 강한 상위강점 5개를 활용하는 것 이외에 자신이 가진 강점들을 다양한 방법으로 활용하는 것이 더 생산적일 수도 있습니다. 단순하게 "이 상황에서 당신의 선천적 호기심을 어떻게 활용하시겠습니까?"라고 질문하는 것보다 강점들을 종합적으로 어떻게 활용하면 좋을지, 팀 내 강점들이 어떻게 서로 보완될 수 있는지, 어떤 강점들이 간과되었는지, 강점들을 사용하면 안 되는 상황은 언제인지를 생각해보는 것이 더 유용할 수 있습니다. VIA나 다른 강점 접근 방법들의 기능에 대해 좀 더 알게 되면 이런 도구들을 다양한 방법으로 능숙하게 활용할 수 있게 되고 최적의 효과를 얻을 수 있을 것입니다.

W4 핵심 포인트

- 연구에 따르면 약점을 보완하는 동시에 강점을 개발하고 활용함으로써 최대의 효과를 얻을 수 있다고 합니다.
- 모든 사람은 강점을 가지고 있으며 자신의 강점을 알고 활용하는 것은 직장이나 가정에서 확실히 도움이 될 수 있습니다.
- 학생들과 클라이언트들에게 효과적으로 사용할 수 있는 유용한 강점측정 도구들이 있습니다.
- 강점기반 접근 방법이라고 해서 약점은 전혀 신경 쓰지 말라는 의미는 아닙니다.

Week4 읽을거리

Chapter 6: Peterson, C. (2006). A primer in positive psychology. New York: Oxford University Press.
긍정심리학 프라이머, 크리스토퍼 피터슨(2006)
6장을 읽어보세요.

현대 강점연구의 선구자이자 대가인 크리스토퍼 피터슨은 VIA 강점 진단을 심도 있게 다루었습니다. 크리스토퍼가 재능과 강점이 어떻게 다른지 설명한 부분은 이번 주 내용에 추가적으로 도움이 될 것입니다. 또한 VIA 성격강점에 대한 흥미로운 실증 연구 결과들이 폭넓게 설정되어 있습니다. 특히 158쪽의 특정한 강점들이 함께 작용한다는 흥미로운 결과를 주목해보십시오. 이 결과는 강점들의 상호작용을 보는데 많은 도움이 됩니다. 이 결과를 고객이나 학생들에게 어떻게 사용할지 생각해보세요.

4.5 돌아보기

강점을 활용하는 것이 재미있고 유익하다는 것을 이미 직관적으로 느꼈을 수도 있습니다. 여러분들은 이미 클라이언트, 학생들과 부하직원들에게 이 방법을 적용하고 있을 수도 있습니다. 여러분의 경험과 상관없이 강점에 대해 생각해보는 것은 도움이 될 것입니다. 그럼으로써 강점이 개념적으로 더 익숙해질 수 있기 때문이지요.

강점활용에 적정한 수준이 있다고 믿으시나요? 즉, 강점이 과도하게 사용되거나 잘못 사용될 수도 있다고 생각하나요? 강점이 약점이 될 수도 있을까요? 그렇다면 언제, 어떻게, 왜 이런 일이 일어날까요? 어떤 특정한 상황에 특정 강점이 요구될까요? 아니면 대부분의 강점들은 어떤 상황에서도 적용될 수 있을까요?

4.6 한번 해보기

여러분이 적합한 진단도구나 심리개입방법을 사용해 본 경험이 없다면 클라이언트들이나 학생들이 강점을 활용하도록 하는 데 어려움이 있을 수 있습니다. 이번 주는 실제 VIA 강점과 심리 개입을 효과적으로 활용할 수 있도록 이런 도구들에 익숙해지는 시간을 가져보도록 하겠습니다.

1. www.viacharacter.org에 접속해 VIA 진단을 해보세요. 진단에 대해 어떻게 생각하나요? 진단은 쉬웠나요? 클라이언트들은 진단 결과를 어떻게 생각할까요? 가장 강한 5개 강점에 대해 어떻게 생각하십니까? 5개 중 놀라운 것이 있었나요? 어떤 점에서 놀라셨나요? 뜻밖이라고 생각한 강점에 대해 여러분에게 실제로 그런 점이 있다고 생각하는지 다른 사람들에게 물어보면 어떨까요?

2. VIA, 스트렝스파인더 또는 다른 강점 진단 결과 중에서 하나의 강점을 선택하여 일주일 동안 의도적으로 활용해 보세요. 여러분이 선택한 강점의 렌즈를 통해 자신의 일상생활을 의식적으로 보려고 노력해보세요. 어려움에 부딪쳤을 때, 스트레스 상황 또는 힘든 결정을 내려야 할 때 적극적으로 강점을 사용해보세요. 강점을 사용할 때 느낌은 어떤가요? 보통 때보다 강점을 더 많이 사용했을 때의 효과는 무엇인가요?

3. 다른 사람들의 강점에도 관심을 가져보세요. 배우자, 친한 친구 또는 동료들과 대화할 때 그들의 강점은 무엇인지 찾아보세요. 어떤 부분에 열정이 있어 보이나요? 내재된 가치는 무엇일까요? 언제 목소리가 올라가거나 빨라지나요? 무엇이 활력을 주고 힘을 주는 것 같나요?

4. 남은 이번 주에는 아직 이름이 붙여지지 않은(명명되지 않은) 강점들을 한 번 찾아보세요. 친구들이나 동료들이 시간을 사용하는 방식, 같이 있을 때 그들이 무엇을 하는지 다른 사람들과 서로 어떻게 상호작용을 하는지 주의를 기울여보세요. 잠재적 강점을 찾을 수 있는지 살펴보세요.

Week 5
희망과 낙관주의

Week 5
희망과 낙관주의

인간과 동물을 구분하는 가장 큰 차이는 미래를 계획하는 특별한 능력의 여부에 있습니다. 인간은 동물들과는 달리 진화를 통해 전두엽이 발달되어 추상적으로 생각하고, 계획하며 구조화하고 미래에 대한 결정을 내릴 수 있게 되었습니다. 물론 다람쥐는 겨울을 대비해 도토리를 저장하고 곰은 동면할 장소를 찾지만, 이는 본능이지 계획에 따른 선택이나 준비된 것은 아닙니다. 식량을 비축하지 않기로 결정하거나, 만약의 경우를 대비해서 2~3년 겨울을 날 수 있는 도토리 양을 저장하는 다람쥐 이야기는 들어본 적이 없을 것입니다. 장기적인 시야를 가지고 의지에 따라 행동을 취하는 것은 인간만의 고유한 행동입니다. 다시 말하면 인간은 다른 종보다 훨씬 더 미래지향적입니다. 원하는 것을 얻기 위해 목표를 정하고 자원을 모으며 더 나은 내일을 꿈꿉니다. 때로는 마음을 끄는 단기 목표가 눈 앞에 있어도 더 먼 미래를 위해 접어버리기도 합니다. 이렇게 미래지향적인 인간에게 주어진 선물이 바로 희망과 낙관주의입니다.

우리가 가진 미래지향적 특성이 강하기 때문에 이러한 사고 능력에 대한 어두운 면도 이야기할 필요가 있다고 봅니다. 불확실한 미래를 생각하면 두렵기 마련입니다. 대부분의 사람들은 미래의 성공과 더불어 실패도 쉽게 떠올립니다. 일어날지 모르는 부정적인 결과를 상상하는 능력 때문에 사람들은 제대로 된 의사결정을 하지 못하고 미래지향적 특성이 때로는 골치거리가 되어 버립니다. 물론 실패할 미래의 모습을 구체적으로 그려보는 것은 우리가 원하는 결과를 얻는데 도움이 되기도 합니다. 코치로서, 컨설턴트로서, 심리치료사로서, 관리자로서, 그리고 교사로서 해야 할 일은 긍정심리학의 좋은 면인 희망과 낙관주의를 통해 사람들을 돕는 일입니다. 걱정과 두려움에 사로잡히지 않고 미래의 긍정적인 면을 생각하게 하는 일입니다. 긍정심리학은 희망적인 행동을 촉진하는 효과적인 이론들과 함께 심리개입 방법도 제시하고 있습니다. 5주차에서는 이 연구 결과를 살펴보고 클라이언트와 학생들이 낙관주의를 각자의 상황에 맞게 잘 활용할 수 있도록 돕는 방법들에 대해서 이야기해보겠습니다.

미래지향성을 잘 보여주는 연구 자료는 하버드 대학 심리학자인 댄 길버트와 팀 윌슨의 "정서 예측"입니다. 정서 예측은 미래의 한순간에 느낄 수 있는 감정을 예측하는 능력입니다. 우리는 이런 상상들을 많이 합니다. "취직이 되면 얼마나 좋을까?", "이 사람과 결혼하면 어떨까?", "교외로 이사하면 어떨까?", "하버드대나 예일대에 입학하면 더 행복할까?" 장난으로 하는 말이 아니라, 실제로 그렇게 되면 어떨까를 상상해보는 것입니다. 미래의 행복이나 슬픔, 분노를 예측하는 것은 매우 중요합니다. 왜냐하면 우리가 내리는 결정에 큰 영향을 미치기 때문입니다. 결혼 후의 행복한 삶을 상상한다면 불행한 삶을 상상하는 경우보다 결혼할 확률이 높아질 것입니다. 그런데 흥미롭게도 길버트와 윌슨이 연구한 결과에 따르면 사람들은 계속 해서 미래의 감정을 잘못 예측한다고 합니다.

이에 대한 몇 가지 사례가 있습니다. 길버트는 대학생들에게 만약 모교 미식축구팀이 중요한 경기에서 진다면 어떠할지를 묻고, 젊은 교수들에게는 종신 재직권을 받게 되거나 못 받게 되면 어떠할지에 대해서 물어보았습니다. 예상대로 학생들은 무척 화가 날 거라고 말했고 교수들도 동일한 답변을 했습니다. 하지만 만약 종신 재직권을 받게 된다면 무척 기쁠 것이라고 말했습니다. 길버트는 이들이 예상한 상황과 실제 느낀 감정의 상호연관성을 조사했습니다. 그 결과 사람들은 이기면 기분이 좋을 것이고, 지면 실망스러울 것이다라는 뻔히 예상되는 답변을 했습니다. 하지만 그 감정의 강도나 지속기간에 대해서는 제대로 예측하지 못했습니다. 일반적으로 사람들은 삶에서 일어나는 부정적인 일들이 자신에게 큰 영향을 미쳐 그 후유증이 계속된다고 생각합니다. 하지만 연구 결과에 따르면 그렇지 않았습니다. 실제로 진 경기 때문에 느꼈던 부정적인 감정은 사람들이 예상하는 것처럼 강렬하거나 오랫동안 지속되지 않는다는 결과가 나왔습니다. 그러므로 희망, 낙관주의, 미래지향성에 대한 과학적 연구 결과를 알아 둔다면 유용할 수 있습니다. 이러한 것들이 클라이언트와 학생들의 동기부여와 결정, 행동에 직접적인 영향을 주기 때문입니다.

5.1 생각거리

“예측”에 대해서 생각해봅시다. 현재 기대하거나 두려운 것이 있다면 그것은 무엇입니까? 주말 저녁식사 약속일 수도 있고, 직장에 제출해야 하는 보고서나 치과진료일 수도 있습니다. 어떤 일이건 상관없이, 어떤 요소가 우리로 하여금 긍정적 혹은 부정적인 예측을 하게 하는지에 대해서 생각해보고자 합니다. 그 일 자체의 즐겁거나 괴로울 가능성 때문에 이런 예측을 하게 될까요? 길버트의 연구를 염두에 둔다면, 당신의 예측은 얼마나 정확할까요? 지금 미래에 일어날 일을 예측하고 있는 것과 과거에 있었던 유사한 경험을 비교해보면 어떤가요? 떠오르는 생각을 아래 빈칸에 자유롭게 작성해보세요.

조직의 관점에서는 '희망'이나 '낙관주의'는 어울리지 않는 단어처럼 보입니다. 임원이나 관리자들은 이런 단어와 관련된 주제가 나온다면 눈살을 찌푸리겠죠. 그럼에도 불구하고 이에 대해서 배우는 것은 의미가 있습니다. 왜냐하면 희망은 업무와의 관계에서 여러모로 바람직한 결과를 낳는다고 밝혀졌기 때문입니다. 단순하게 생각하더라도 낙관적인 관점은 더 큰 성공을 가져다 줄 확률이 높습니다. 연구 결과에 따르면 미래의 성공에 대해 희망적인 사람들은 더 열심히 일하고, 어려움이 오더라도 더 인내한다고 합니다. 흥미롭게도 낙관주의는 불가능할 것 같은 과업 대신 대안을 선택하도록 도와줍니다. 이는 어찌 보면 시간을 효율적으로 사용하는 길이기도 합니다. 우리가 중요하게 생각하는 목표들은 항상 삶에서 장애물을 만나게 마련입니다. 그럴 때 희망 심리개입은 비장의 무기가 될 수 있습니다. 우리들의 어려운 시기에 희망의 빛이 되어주고 우리가 소중하게 여기는 목표를 향해 나아가도록 도와줍니다.

희망과 낙관주의의 걸림돌

희망을 독려하는 방법에 대해 살펴보기 전에, 희망을 방해하는 요소는 무엇인가에 대한 질문을 던져보는 것이 필요합니다. 누구라도 희망이 없다고 느낄 때가 있을 것입니다. 경기에서 크게 지고 있는 마지막 몇 분 같은 순간이죠. 또는 엄청난 책임감에 짓눌려 절망감을 느끼는 순간일 수도 있습니다. 구체적인 예를 들지 않더라도, 절망은 "나는 할 수 없어"라는 말과 같습니다. 희망을 잃은 많은 사람들이 자신에게 하는 말입니다. 그렇다면 사람들은 왜 할 수 없다고 느낄까요? 그 이유를 생각해 볼 필요가 있습니다.

이에 대해서 예상 가능한 여러 가지 시나리오가 있습니다. 첫째로, 자신이 원하는 결과에 도달하기 위한 자원이 부족하다고 느낍니다. 이를 *자원에 초점이 맞춰진 절망(resource-focused hopelessness)*이라고 부릅니다. 어떤 일을 해 나가는데 있어서 지식이나 재능, 주변의 지원이나 시간이 부족하다고 느끼는 것입니다. 주변에서 종종 이런 이야기를 들어보셨을 것입니다. 프로젝트를 해야 하는데 사람이 부족하고, 예산이 모자라고, 시간이 없다는 말들이죠. 그러면서 스트레스를 받고 불평을 합니다. 결국 프로젝트를 끝내지만 그 일을 좋아하지는 않습니다.

또 다른 사례를 보면, 적절한 자원은 풍부하지만 목표가 너무 높아서 자신감을 잃는 경우도 있습니다. 이를 *목표에 초점이 맞춰진 절망*(goal-focused hopelessness)이라고 부릅니다. 이런 경우가 있었습니다. 클라이언트 중에 한 분이 책을 쓰는 프로젝트를 맡게 되었습니다. 글도 잘 쓰는 분이었고, 괜찮은 수준의 선금도 받았습니다. 그런데 일을 시작하기도 전부터 겁에 질려 프로젝트 규모가 너무 크고 혼자서 이 일을 어떻게 시작하고 끝내야 할지 상상이 안 된다고 불평했습니다. 일 전체를 보고 나서 부담을 느낀 것입니다. 결국, 프로젝트를 작은 단위로 나누어 진행하는 방법에 대한 의견을 나눈 뒤에야 일을 진척시킬 수 있었습니다. 클라이언트가 절망하는 이유를 파악하는 것은 낙관주의와 동기를 끌어올려 실행으로 이어지도록 하는 데 도움이 됩니다.

5.2 생각거리

현재 같이 일하는 혹은 과거 함께했던 동료가 절망을 느끼게 된 원인에 대해 생각해봅시다. 부족한 자원이 그 이유였다면 어떻게 하시겠습니까? 자원을 더 채워주는 방법이 있나요? 다른 자원으로 부족한 것을 보상해주는 방식은 어떤가요? 두 가지 중에 어느 방법이 더 나을까요?

절망의 이유가 목표에 대한 부담을 느끼는 것에 있다면, 그 사람이 자신의 능력에 확신을 갖도록 돕는 방법에는 무엇이 있을까요? 어떻게 자신감을 끌어올릴 수 있을까요? 과제를 좀 더 작은 단위로 나눠볼까요? 업무를 다른 각도에서 볼 수 있도록 도와주는 건 어떨까요? 잊고 있는 자원은 없는지 찾아보도록 할까요? 이런 전략들의 이점은 무엇일까요? 아래 공란에 자유롭게 작성해보세요.

미래의 희망에 대해 이야기하다 보면 현실성에 대한 지적을 할 수 있습니다. 어떤 이들은 '순진한 낙관주의'라고 말합니다. 다시 말해 희망적인 사람들은 비현실적인 반면, 냉소적인 사람들은 보다 현실성이 높다는 관점입니다. 정말 그럴까요? 희망이 비현실적인 경우도 있고, 목표를 너무 높게 잡아서 성공하지 못할 경우도 있습니다. 목표에 대한 연구에 따르면 목표와 자원은 균형을 이루는 것이 중요합니다. 즉, 앞에서 말한 것처럼 목표와 자원이 조화를 이루는 것은 목표에 초점이 맞춰진 절망인지, 자원에 초점이 맞춰진 절망인지와 연관됩니다. 그러나 비현실적인 낙관주의는 목표의 문제만은 아닙니다. 1970년대 후반에 마가렛 매틀린과 데이빗 스탕은 다음과 같은 연구 결과를 발표했습니다. 긍정적이고 행복한 사람들은 부정적인 사안을 간과하는 경향이 있다는 사실입니다. 그리고 그런 현상을 '지나친 낙천주의 원칙(Pollyanna Principle)'이라고 이름 붙였습니다. 이 연구는 선천적으로 긍정적이고 희망적인 사람은 현실성이 낮을 수 있다는 결과를 제시합니다. 그렇다면 이런 질문을 해보고 싶습니다. 지나친 낙천주의자는 문제가 있는 것인가요? 일반적으로 많은 사람들이 '그렇다'고 생각하고 그들을 중요한 문제를 놓치는 사람으로 생각합니다. 또한, 지나친 낙천주의자들은 좋지 않은 관계를 오랫동안 그대로 방치하며, 일에서 비현실적인 자기 칭찬을 하는 사람들로 여겨집니다. 이로 인해 희망과 낙관주의, 행복이 좋지 않은 평판을 받게 되었습니다. 물론 극도로 지나친 낙천주의는 문제가 있겠지만 행복이 생산성과 창의성, 활력을 높이는 데 직접적인 연관이 있다는 사실도 밝혀졌습니다. 일반적으로 더 행복한 사람이 보다 나은 결과를 만들어 냅니다. 예외가 있다면 대기오염 통제나 법률과 관련된 일처럼 매우 세심한 업무 형태를 가지는 조직에서는 그렇지 않을 수도 있습니다.

마지막으로, 실패에 대한 두려움은 자연스러운 것이라고 언급하고 싶습니다. 어떤 사람들은 지나친 낙관주의가 답답하게 느껴진다고 합니다. 행복과 긍정성을 강조할 때면 자주 듣는 불평이죠. 사람들은 당연히 실패를 두려워할 수 있고, 자연스럽게 느끼는 두려움에 대해서 이해해야 한다는 지적을 할 수 있습니다. 맞는 말입니다. 삶에서 실패는 자연히 발생하며 그에 대한 두려움은 자연스러운 것입니다. 실패의 가능성이 높을 때, 우리는 희망을 갖는 일이 조심스럽게 느껴질 수 있고 목표를 조정하기도 합니다. 반면, 소중한 목표는 감정적, 사회적, 개인적, 그리고 재정적 위험을 동반하기도 합니다. 대부분의 사람들은 그런 상황 때문에 예민해지게 됩니다.

주사위를 굴려서 1에서 3이 나올 경우 20만 원을 얻게 되고, 4에서 6이 나오면 16만 원을 잃게 된다고 가정해보겠습니다. 이기고 질 확률은 같습니다.

하지만 이겼을 때 얻게 되는 금액이 질 때 잃는 금액보다 높습니다. 이런 상황이라면 주사위를 굴리시겠습니까? 대부분의 사람들은 확률은 같을지라도 16만원을 잃게 될 가능성을 더 주목하게 됩니다. 삶도 마찬가지 입니다. 새로운 관계를 맺을 때, 새로운 사업을 시작할 때, 새 상품을 출시할 때, 다이어트를 시작하려고 할 때, 사람들은 성공하길 원하는 만큼 실패했을 때를 생각하게 됩니다. 누구나 시간, 에너지, 돈, 그리고 사회적인 연결고리를 잃고 싶지 않기 때문입니다.

두려움을 느끼는 것과 공감과 인정을 받고 싶어하는 것은 자연스러운 현상이라는 사실을 기억한다면 도움이 됩니다. 실패를 기억하는 것이 나쁜 것만은 아니라는 사실을 인식하는 것도 중요합니다. 그 이유는 성장에 필수적인 요소이기 때문입니다. 발명가 토마스 에디슨은 "성공하기 위해 실패했다"고 말했습니다. 10,000번이 넘는 시도를 한 뒤 마침내 전구의 불이 켜졌을 때, 에디슨은 "9,999번의 안 되는 방법을 찾았다!"라고 말했습니다.

희망이론

희망적 태도는 여러분의 클라이언트들과 학생들을 동기부여 하고 힘든 시기에 사기를 북돋는 데 도움을 줍니다. 누구라도 실패가 예상되는 프로젝트는 시작하지 않을 것입니다. 성공 여부를 통제할 수 없고 운에만 의존해야 하는 목표를 위해 노력하고 싶은 사람은 거의 없기 때문입니다. 지금은 돌아가신 위대한 심리학자 릭 스나이더는 '희망이론'을 개발하고 발전시키는 데 거의 모든 생애를 바쳤습니다. 스나이더는 사람들이 희망을 가지려면 세 가지가 필요하다고 강조합니다. 목표사고(목표를 향한 노력), 경로사고(새로운 해결 방법), 그리고 주도사고(자신감)입니다. 전문가로서 클라이언트들과 일할 때 이 세 가지 중 하나 또는 세 가지 모두를 개발하면 클라이언트들에게 할 수 있다는 자신감을 키워줄 수 있는 이 단순한 정보는 매우 유용하게 활용할 수 있습니다.

목표사고(Goals thinking): 목표는 인간심리를 이해하는 데 근본적으로 중요한 요소입니다.

목표는 시간을 효율적으로 배분하게 하고, 어려운 의사결정을 할 때 도움을 줍니다. 게다가 우리가 집중해야 할 사항들을 알려줄 뿐만 아니라 개인적인 발전을 측정할 수 있는 잣대가 되면서 가치를 실현할 수 있는 실제적 수단이 됩니다. 그러나 목표라고 해서 다 좋을 수는 없습니다. SMART라는 약자로 요약된 목표설정 방법을 들어 보셨을 것입니다. 좋은 목표가 되기 위해서는 구체성, 측정가능성, 달성가능성, 현실성, 그리고 시간제한성과 같은 특정한 요소들을 포함하고 있어야 한다는 뜻입니다. 또 많은 코치들, 교사들, 트레이너들은 목표가 각 개인에게 잘 맞아야 효과적으로 기능한다는 점을 잘 알고 있습니다.

긍정심리학자들의 연구에서 권력지향적 목표가 개인만족을 떨어뜨리는 반면 소속감, 후진양성, 영성과 관련된 목표는 행복을 증진시킨다는 사실을 보여줍니다. 사람들과 일할 때 그들의 낙관성을 증진시키기 위해서는 목표의 현실성, 내용, 가치부합성과 또 다른 특징들도 고려하면 좋습니다. 학생들이나 클라이언트들이 목표에 대해 얘기할 때 어떤 표현을 하는지 잘 들어보세요. 감정의 강도에 주의를 기울여 봅시다. 에너지가 넘치고 낙관적으로 들리나요? 아니면 무력하고 기운이 빠진 것처럼 느껴지나요? 목표의 내용과 현실성, 그 사람이 가지고 있는 자원과의 상관성 등을 잘 살펴보세요. 이 모든 정보들은 희망을 높이기 위해 어떤 질문을 하고 어떻게 동기부여할지 그 가능한 방안들을 제공해줍니다.

경로사고(Pathways thinking): 경로사고는 일반적으로 말하는 창의적 문제 해결과 비슷한 의미의 신조어입니다. 스나이더와 그의 연구팀은 낙관적인 사람들은 목표를 달성할 수 있는 여러 경로를 생각할 수 있다는 것을 확인했습니다. 낙관적인 사람들은 목표를 향한 길에 당연히 있을 수밖에 없는 장애물들을 만났을 때 새로운 해결방안을 찾고 계속해서 목표를 향해 나아갑니다. 스위스와 미국 서부의 기술자들이 철도를 처음 깔기 시작했을 때 산이라는 장애물에 직면했습니다. 산의 경사는 선로를 깔기에 너무 가팔랐지만 기차는 어려운 지형을 통과해야 했습니다. 지금 생각해보면 당시 토목기술자들 중 분명 낙관적인 사람들이 있었다는 것을 알 수 있습니다. 왜냐하면 기차가 산을 뚫고 지나갈 기발한 방법들을 생각해냈기 때문입니다. 어떤 선로에는 가파른 경사에서 미끄러지지 않게 하는 기계장치인 톱니궤도를 사용했습니다. 또 다른 선로들은 산을 피해 뱀처럼 구불구불하게 놓여진 반면 장애가 되는 바위들을 다이너마이트로 폭발시켜 놓여진 선로도 있었습니다. 당시의 기술자들은 모든 경우의 문제들을 새롭게 생각하며 장애물이 나타날 때마다 굴하지 않고 목표를 달성했습니다.

여러분들과 함께 일하는 사람들의 일과 삶도 철도를 깔았던 선구자들과 크게 다르지 않습니다. 클라이언트의 목표가 "집에서 어머니와 함께 잘 지내기", "이 달에 새로운 계약 3건 체결하기", "덜 우울하기", "이번 여름에 재택 비즈니스 시작하기" 등 그 무엇이든 간에 어려운 문제들과 힘든 때가 분명 있을 것입니다. 낙관주의자와 비관주의자의 차이는 인생이 얼마나 힘든가가 아니라(인생에 힘든 일은 누구에게나 있습니다), 각자가 어떻게 문제에 대처하고 앞으로 나아가느냐에 달렸습니다. 여러분이 관리자, 심리치료사, 코치, 교사 그 누구든, 함께 일하는 사람들에게 특별히 경로사고를 촉진시켜 주어야 할 때가 있을 것입니다. 다양한 방법을 활용할 수 있는데 첫째, 훌륭한 코칭의 핵심이라고 할 수 있는 '개방형 질문'(열린 질문 던지기)은 창의적인 생각을 독려할 때 많은 전문가들이 활용하는 방법입니다. 일에 차질이 생겼을 때 클라이언트들이나 학생들에게 다음과 같은 질문을 할 수 있습니다. "그 외에 또 무엇을 할 수 있을까요?", "이런 상황을 극복하기 위해 다른 사람들은 어떻게 했을까요?", "이 문제를 해결하기 위해 시도할 수 있는 세 가지를 말해보세요" 등과 같은 이런 질문들은 새로운 관점에서 문제를 해결해나갈 수 있도록 도와줍니다. 또 다른 방법은 코칭과 팀 회의에서 공통적으로 사용되며 관리자, 교사, 컨설턴트들이 효과적으로 사용하는 브레인스토밍입니다. 경로사고는 많은 사람들이 해결책에 대해 활발하게 제안할 때 촉진됩니다. 아이디어를 브레인스토밍하는 일은 재미있고 창의적입니다. 코치들은 함께 아이디어를 내면서 이 과정을 진행하고, 좀 더 다른 관점에서 생각하도록 하기 위해 예외적인 상황을 만들기도 합니다.

이전에 함께했던 클라이언트 중 한 사람이 집에서 천연화장품 사업을 시작했습니다. 멋진 상품을 개발했고 시장과의 연줄도 좋았으며 재미있는 웹사이트도 만들었습니다. 그런데 유감스럽게도 원래 투자하기로 한 자금이 동이 나면서 사업을 본격적으로 시작하기도 전에 포기해야 할까봐 두려워하고 있었습니다. 그 클라이언트는 자금 동원 문제로 코칭을 받으러 왔는데 투자 받을 한 가지 방법에만 깊이 빠져 있었습니다. 코칭을 시작할 때는 초기에 어떻게 투자자금을 유치했는지 또 과거에 자금을 유치한 성공 경험이 있었는지 등 해결책 중심으로 질문을 했습니다. 그리고 나서 자금을 모을 수 있는 새로운 방법에 대한 브레인스토밍을 제안했습니다. 분위기를 띄우고 재미있는 아이디어가 나오게 하기 위해 짧은 농담을 해도 되는지 확인했습니다. 이런 경우에 쓰기 위해 기분 나쁘지 않은, 유치한, 때로는 실없는 농담도 준비합니다. 브레인스토밍은 아이디어가 좋은지, 나쁜지 평가하지 않고 그냥 생각나는 아이디어들을 번갈아 가며 말하는 방법으로 하였습니다.

저는 은행에서 대출 받는 확실한 방법부터 시작했습니다. 클라이언트는 자금 조성 파티를 제안했습니다. 클라이언트가 좀 더 창의적으로, 정말 창의적으로 생각해보길 바라며 오프라 윈프리, 빌게이츠와 또 다른 5명의 억만장자에게 지지를 요청하는 편지를 보낼 것을 제안했습니다. 클라이언트는 친구나 가족에게 자금 빌리기를 제안했고 저는 클라이언트의 생각이 더 확장되기를 바라면서 에펠탑에 사람들이 기부를 할 수 있는 웹사이트 주소가 적힌 배너를 달자고 했습니다. 감을 잡은 클라이언트는 "돈을 훔칠 수도 있겠네요"라고 답했죠.

우리는 여러 차례 의견을 교환한 뒤, 저축과 같은 현실적인 아이디어부터 돈 신경 쓰지 않고 사업을 적자로 경영하는 것과 같은 비현실적인 아이디어까지 다양한 생각들을 쏟아냈습니다. 혼자 생각한 것보다 더 창의적이고 많은 아이디어가 나왔습니다. 브레인스토밍을 마치고 난 뒤 아이디어들을 하나씩 검토해 강점이 있는 아이디어, 가치에 부합하는 아이디어, 그리고 클라이언트가 가지고 있는 고유한 자원을 활용하는 아이디어를 뽑아냈습니다. 고객은 불과 10분 내에 문제중심 비관주의자에서 대출, 기금 조성, 전략적 파트너 구성 등의 실현 가능한 자금조성 아이디어를 가진 낙관주의자로 변했습니다.

5.3 한번 해보기

현재 직면하고 있는 사소한 문제 하나를 떠올려 보세요. 이번 과제에서는 너무 심각한 문제보다는 가벼운 것이 좋을 것 같습니다. 출퇴근 시간을 지연시키는 짜증나는 도로 공사, 납기 기한이 빡빡한 일, 일 때문에 아이 학교 공연에 참석 못하는 아쉬움 등과 같은 문제들이 될 수 있겠죠. 브레인스토밍을 통해 경로사고를 연습해볼 수 있는 좋은 기회입니다. 가능한 문제해결 방안 20개를 적어보세요. 터무니 없는 생각, 거창한 계획, 창의적인 아이디어까지 모두 좋습니다. '나를 대신 할 로봇이 있으면 좋겠다'라고 생각하면 그대로 적으세요. 분위기를 띄우기 위해 재미있는 영화를 보거나, 웃기는 만화책을 봐도 됩니다. 현실에 너무 얽매이지 말고 철자법, 문법에 신경 쓰지 말고 그냥 떠오르는 대로 적어 보세요. 다 마치고 나서 느낌이 어떤지 살펴보세요. 문제를 어떻게 바라보고 있는지도 생각해보세요. 적힌 해결방안들을 검토해보고 어떤 것들이 실행가능성이 가장 높은지 고민해보세요. 그리고 아래 빈칸에 여러분 자신의 리스트를 만들어 보세요.

사람들과 함께 일하는 전문가로서 경로사고에 관해서는 여러분의 활력이 함께 일하는 사람들의 희망에 영향을 줄 수 있다는 점을 기억하시면 좋겠습니다. 여러분이 클라이언트의 곤경이나 어려움에 개인적으로 흔들리지 않아야만 클라이언트의 태도를 변화시킬 수 있습니다. 여러분의 할 수 있다는 태도는 전염될 수 있습니다. 브레인스토밍을 제안하는 것 역시, 해결이 가능하다는 생각을 암시하는 방안입니다. 모든 해결방안이 실현되거나 모든 세션에서 완벽한 해결책이 나올 수는 없겠지만 적어도 전문가나 클라이언트 모두 어떤 문제든 늘 다르게 생각할 수 있는 여지가 있음을 마음에 새기게 될 것입니다.

주도사고(Agency thinking): 스나이더는 희망이론의 마지막 중요한 요소로 주도사고라고 불리는 자신감을 제시했습니다. 주도사고는 목표를 달성할 수 있다고 믿는 신념인데, 일리가 있는 주장입니다. 왜냐하면 사람이 목표를 달성함에 있어 자신의 능력을 확신하면 더 낙관적일 수 있기 때문입니다. 자존감이 낮은 사람들이나 자신의 능력을 불신하는 사람들은 열심히 일하거나 어려움에 굴하지 않으면서 성공에 필요한 위험을 감수하기란 쉽지 않습니다. 만약 자신감이 낙관적인 사람들의 중요한 특징이라면 여러분은 행운아입니다. 자신감을 북돋아 주는 일은 상대적으로 쉽기 때문이지요.

자신감을 높일 수 있는 아주 간단하고 확실한 두 가지 방법이 있습니다. 첫째, 함께 일하는 사람들의 강점과 성공을 인정해줌으로써 진정성 있게 자긍심을 북돋아 줄 수 있습니다. 학생들을 칭찬하거나 클라이언트들의 성공을 축하하는 일은 진심을 전하는 것이지 아부하거나 조종하기 위한 것이 아닙니다. 제 경험상 최고의 인정은 어떤 순간의 성과에 대한 칭찬보다 클라이언트의 핵심강점을 인정할 때였습니다. 물론 동료들이 "많이 떨렸을 텐데 발표를 훌륭하게 해서 감명받았어요. 정말 잘했어요"라고 말하면 기분이 좋을 겁니다. 하지만 이것은 그 순간의 성공만 인정해주는 셈입니다. 대신 이런 말을 들으면 어떨까요? 친구나 동료들이 "용기에 정말 감동했어요. 발표를 두려워하면서도 하기로 했잖아요. 용기 있는 모습이 늘 멋지다고 생각했는데 이번에도 역시 그 모습을 보여 주었네요". "참 잘했어요" 대신 핵심강점과 미덕을 인정한다면 자존감과 자신감을 북돋아주고 결국 긍정성을 증진시킵니다.

둘째, 자신감을 향상시키는 방법은 '해결중심' 접근입니다. 해결중심은 인수 킴 버그와 스티브 드 쉐이져가 개발한 새로운 심리요법 접근 방법입니다. 이 부부 팀은 현재의 문제에 대처하기 위해 과거의 실패보다는 성공을 살펴보라고 제안합니다. 치료요법, 코칭 또 다른 상황에서도 사용할 수 있는 해결중심의 문제해결 방법은 여러 가지가 있습니다. 예외적인 상황에 대한 질문으로 "이런 문제가 없었을 때는 언제였는지 이야기해주실래요? 그때는 어떤 일이 있었나요?" 등을 묻거나 척도를 사용하는 질문도 활용할 수 있습니다. "만약 1점과 10점 사이에서 어떤 점수인 상황일 때 그보다 낮은 점수로 가지 않도록 자신을 지탱해주는 것은 무엇인가요?"와 같은 질문이 될 수 있겠죠. 그리고 "어떤 원인 때문에 지금 현재 상황까지 올 수 있었나요?"와 같은 대응에 관한 질문도 해볼 수 있습니다. 특정 해결중심 기법을 활용하려면 교육과 경험이 필요하지만 기본적인 원칙을 적용하는 일은 누구나 가능합니다. 모든 클라이언트들은 성공 경험이 있기 때문에 우리는 그들의 성공 경험을 끌어내어 자기효능감을 높일 수 있습니다.

5.4 돌아보기

개인적으로 적절한 단기 목표 두 개를 떠올려보세요. 하나는 여러분이 꽤 낙관적으로 느끼는 목표여야 하고, 다른 하나는 덜 희망적인 목표이거나 이미 포기한 목표여도 좋습니다. 이 두 가지의 목표를 떠올리며 여러분이 목표에 대해 느끼는 통제력에 대해 특별한 관심을 가져보세요. 여러분이 느끼는 생각들이 두 가지 목표의 최종 결과에 얼마나 영향력을 미친다고 느끼시나요? 목표의 결과에 좀 더 영향을 미칠 수 있는 방법들을 생각해보세요. 이런 생각은 여러분이 지닌 각 목표에 대한 희망에 어떤 영향을 주나요? 자유롭게 여러분의 생각을 아래 빈칸에 적어보세요.

인정과 해결중심이 강력하고 효과적인 기법이라는 것은 분명하지만, 항상 그런 것은 아닙니다. 여러분이 이러한 심리개입에 대해 알고 있어 성공적인 경험을 했더라도 그런 개입에 저항하는 클라이언트도 있음을 염두에 두어야 합니다. 긍정심리학 심리개입들이 모든 사람에게 다 적합한 기법은 아닙니다. 여전히 문제에 집중하고 자신들의 실패에 신경을 많이 쓰는 클라이언트들도 있습니다. 어떤 클라이언트들에게 특정한 기법이 효과적이지 않거나, 클라이언트가 특정한 심리개입에 머뭇거리는 경우에도 너무 실망하지 마세요. 여러분들이 실망하기 시작하면 결과가 기대보다 효과적이지 않을 수 있기 때문입니다. 바로 그때가 경로사고를 해야 할 때입니다. 새로운 방법을 시도하고 창의적 생각을 하는 가운데 클라이언트들과 힘을 합치면 분명 해결 방법을 찾을 수 있다고 확신합니다.

완벽주의

완벽주의에 대해 이야기를 나눠보려고 합니다. 서구사회의 현대 생활과 상상을 초월하는 목표 달성을 위해 엄청난 역경을 극복한 감동적인 이야기들을 통해 완벽주의 문화가 형성되기 시작했습니다. 다수의 사람들은 10점 만점에 10점을 얻기 위해 고군분투해야 하며 원하는 성공을 위한 유일한 방법은 높은 목표설정이라 생각합니다. 예를 들면 올림픽 선수들은 탁월함을 추구하고 그러한 결과를 만들어냄으로써 우리를 감동시킵니다. 그러나 10점을 추구하는 가운데, 10점을 얻는 사람은 아주 드뭅니다. 올림픽수준에서 완벽을 추구하는 것은 일리가 있지만, 자신의 미술 스튜디오를 열고 싶어하는 클라이언트나 영업에서 매달 최고의 실적을 올리기 바라는 사람에게는 적합하지 않을 수 있습니다. 이렇게 의욕이 넘치는 사람들에게는 완벽한 사람이 되는 목표보다 뛰어난 사람이 되려는 목표가 더욱 보람 있고 더 성취 가능한 목표일 것입니다. 기억하세요. 모든 사람들이 성공하기를 원하는 가운데 완벽해지기를 원하는 사람은 완벽주의자들뿐입니다. 대다수의 사람에게 완벽주의는 낙관성을 해치는 독약이나 다름없습니다. 완벽주의 태도를 가진 클라이언트들을 보면 보통 뭔가를 하고자 하는 마음보다 실망으로 의지가 꺾여 있는 경우가 많다는 사실을 확인할 수 있습니다.

자, 그러면 완벽주의자와 어떤 방법으로 일하시겠습니까? 극도의 탁월함을 추구하는 높은 목표에서 오는 긴장과, 본인을 실패의 위험으로 몰아넣을 수 있는 긴장 사이에서 어떻게 균형을 잡을 수 있을까요? 케임브리지 대학의 긍정심리학자 닉 베이리스는 목표에 이르는 과정을 충분히 즐기지 못하고 목표달성 결과에만 지나치게 초점을 맞추는 사람들이 완벽주의자들일 수 있다고 합니다. 결국 인생은 성공적 목표 달성이 아니라 목표 달성을 위해 우리가 하는 일들, 그 자체에 관한 문제입니다. 우리는 직장, 로맨틱한 관계에서 실제로 목표달성을 위해 순간 순간 하는 일보다 목표를 향해 나아가는 데 더 많은 시간과 에너지를 허비하는 경향이 있습니다. 클라이언트들이 목적지보다는 과정에 초점을 맞출 수 있도록 도우면 그들의 낙관성에 뜻밖의 영향을 미칠 수도 있습니다. "지금 일을 하면서 어떤 것이 즐겁습니까?"라는 질문이나 "만약 목표를 달성하는 데 두 배 이상의 시간이 걸린다고 하면 어떤 점들이 계속 목표를 향해 나아가게 만들까요?"라는 질문들을 통해 클라이언트들이 간과했던 중요한 점들을 이끌어 낼 수도 있습니다. 사람들은 일을 즐기고, 노력하고, 실패하고, 난관을 극복하던 순간들을 잊고 결승선에 도달할 때의 빛나는 순간만을 생각하려는 경향이 있습니다. 클라이언트들에게 경주를 참여하지 않고는 결승선에 도달할 수 없다는 것을 상기시키는 것도 도움이 될 것입니다. 이러한 사실은 결국 클라이언트들을 포함하여 많은 사람들에게 낙관주의가 중요한 해법이라는 것을 제시합니다. 항상 10점을 얻으려는 노력 대신에 8점도 여전히 훌륭하다는 관점을 가질 때 사람들은 자신의 프로젝트 결승선을 바라보는 힘을 얻을 수 있습니다.

W5 핵심 포인트

- 희망과 낙관주의는 기업과 학교 환경에 매우 잘 적용될 수 있습니다. 실제 연구에서 이러한 환경 내 바람직한 결과들과 관련이 있는 것으로 나타났습니다.
- 낙관주의가 반드시 비현실성을 나타내는 것은 아닙니다.
- 목표와 자원은 서로 잘 일치시킬 필요가 있습니다.
- 여러분은 창의성과 자신감을 통해 희망을 고취시킬 수 있습니다.
- 실패와 실패에 대한 두려움은 자연스러운 것이며 가치가 있습니다.
- 완벽주의는 행복(Well-being)을 저해시킵니다.

Week5 읽을거리

Chapter 5: Peterson, C. (2006). A primer in positive psychology. New York: Oxford University Press.
긍정심리학 프라이머, 크리스토퍼 피터슨(2006)
5장을 읽어보세요.

영어권 심리학자들은 '희망(hope)'와 '낙관주의(optimism)'를 통용해서 사용하기는 하지만, 저자는 전문가와 클라이언트의 쉬운 이해를 돕기 위해 희망이론에 강조하여 설명하였습니다. 참고로 피터슨도 낙관주의에 대한 유사한 개념을 잘 설명하고 있습니다. 그는 타고난 기질의 낙관주의와 훈련된 낙관주의를 비교하여 설명하고 사고방식으로서의 낙관주의와 보다 깊이 있게 비관주의를 바라보는 것에 대해 논의하고 있습니다.

5.4 돌아보기

여러분은 살아오면서 스스로가 낙관적이었던 때와 희망에 가득 찬 기대에서 오는 흥겨움과 그로 인한 에너지를 느껴 본 적이 있을 것입니다. 마찬가지로 기가 꺾이고 패배감에 젖어 비관적인 느낌에 빠져 본 적도 있겠지요. 시간을 내어 내 삶 속의 이러한 경험들을 되돌아본다면, 여러분이 이번 주에 다룬 개념을 이해할 수 있고, 함께 일하는 동료들과 더불어 이를 효과적으로 활용해볼 수 있습니다.

여러분이 자신 있고 유능하다고 느끼는 분야에 대해 생각해보세요. 여러분은 뛰어난 대중 연사일 수도 있고, 강인한 테니스 선수 또는 좋은 엄마일 수도 있습니다. 어떤 기술과 재능, 열정, 강점이 여러분의 자신감을 높여주는지 생각해보세요. 그리고 그런 자신감이 자신에게 어떤 영향을 미치는지 생각해보세요. 당신이 자신 있다고 생각하는 분야에서 겪게 되는 문제, 좌절, 어려움에 대해서 어떻게 생각하나요? 자신감이 떨어지는 분야에서 유사한 문제에 부딪혔을 때 대응하는 방식과 어떻게 다른가요? 아래 빈칸에 적어보세요.

5.5 생활에서 연습하기

비록 희망과 낙관주의는 삶의 자연스러운 부분이지만 종종 의식하지 못하거나 너무 당연하게 여겨지는 개념입니다. 여러분 자신과 다른 사람들이 가진 희망과 낙관주의에 대한 인식을 높이기 위해서 아래의 활동을 해보겠습니다.

여러분의 직장 동료가 앞으로 진행하는 행사, 팀 회의, 판매마감, 발표 등 준비하고 있는 태도에 관심을 가져보세요. 그들의 자세, 표정, 목소리, 언어, 에너지 수준을 자세히 관찰해보세요. 낙관주의와 비관주의 사이의 어느 지점에 있다고 볼 수 있습니까? 다가올 행사를 두려워하고 있나요? 불안해하나요? 몰입하지 못하거나 흥미를 잃은 것 같지는 않나요? 아니면 매우 열심히, 열정적으로 준비하고 있나요? 동료의 그러한 태도는 무엇을 보면 알 수 있나요? 아래 빈칸에 적어보세요.

전문가를 위한 자료: 희망 질문

1. 당신이 이 목표를 성공적으로 달성하였다면, 그 사실을 어떻게 알 수 있을까요?
2. 당신이 이 목표를 시도하지 않을 경우 치러야 할 대가는 무엇인가요?
3. 당신이 과거에 성공했던 목표는 무엇이었나요? 그 성공요인은 무엇이었나요?
4. 당신이 이 문제가 없었던 때는 언제였나요? 그 상황에 대해서 이야기해주세요.
5. 당신은 과거에 이러한 유사한 문제를 극복한 경험이 있다면, 어떻게 극복했나요?
6. 주변의 다른 사람들은 과거에 유사한 문제를 어떻게 극복했나요?
7. 당신이 이 문제를 해결하는데 도움이 되는 자원이 있다면, 무엇인가요?
8. 당신은 현재 목표 달성에 대해 얼마나 낙관적으로 보고 있나요? 그 이유는 무엇인가요?
9. 성공 여부에 상관없이, 이 프로젝트를 수행하면서 당신은 무엇을 즐기고 있나요?
10. 당신이 당면한 문제가 친구에게 일어난다면, 어떤 조언을 해줄 수 있을까요?
11. 당신이 포기했던 때와 그렇지 않았던 때는 언제인가요?
12. 당신이 장애물을 극복하는 세 가지 방법은 무엇인가요?
13. 만일 이 문제가 갑자기 사라진다면, 인생이 어떻게 바뀔 것 같나요? 그것을 어떻게 알 수 있을까요? 그 상황은 현재의 삶과는 어떻게 다른가요?
14. 당신이 최고로 잘했던 경험에 대해 이야기해주세요. 그 상황에서 당신의 강점을 어떻게 활용하였나요?
15. 현재 당신이 진행중인 프로젝트에서 잘되고 있는 것은 무엇인가요?
16. 당신에게 이 프로젝트를 지속할 수 있는 끈기가 생긴다면, 어떤 모습일까요? 그리고, 지금까지 당신을 포기하지 않고 버틸 수 있게 해준 것은 무엇이었나요?
17. 내가 볼 때, 당신의 존경스러운 점은 (　　), (　　), (　　)입니다
18. 당신의 배우자나 친구들이 칭찬하는 당신의 강점과 좋은 점은 무엇인가요?

✳

Week 6
통합하기

Week 6
통합하기

여러분께서는 스스로를 격려하며 마지막 주를 시작하고 계실 거라 생각됩니다. 이 과정을 시작한 지 벌써 6주차에 접어들었네요. 부디 이 기간이 변화를 직접 체험하는 데 도움이 되는 시간이었기를 바랍니다. 여러분이 긍정심리학과 긍정심리학의 현장 적용에 대한 호기심으로 이 여정을 시작했다면 이제는 긍정심리학의 탄탄한 기본을 갖추는 단계로 성장하고 있기를 진심으로 바랍니다. 함께 학습했던 내용들을 돌아보면, 행복, 낙관주의 등 다양한 주제에 대한 전문 지식을 얻을 수 있었습니다. 또한 강점에 집중했을 때의 장점을 배우고 업무 현장에서 적용할 수 있는 방법도 살펴보았습니다. 그리고 약점보완 보다는 강점활용이 성공에 다가가는 확실한 방법일 수 있다는 흥미로운 아이디어를 검토하기도 했습니다. 이 과정을 통해 새로운 정보를 얻고, 친구, 동료, 가족과 함께 긍정심리학 기본 기술을 연습하고, 실제 클라이언트에게 활용할 수 있는 심리개입방법을 익힐 수 있는 기회가 되셨기를 바랍니다. 여러분도 저처럼 짧은 시간 동안 크게 발전한 느낌을 가지셨다면 큰 안도가 될 것 같습니다. 그 동안 쏟은 노력만으로도 여러분은 박수 받을 자격이 충분합니다.

여러분이 긍정심리학의 영역에서의 전문가로서 성장과 발전을 계속하기 위해서는 지금 성공을 어느 정도 경험하고 있을지라도 새로운 더 높은 목표를 향해 스스로 나아가기 시작해야 합니다. 이제 지난 몇 주 동안 배운 지식과 기술을 통합하여 여러분의 전문 영역에서 활용해볼 때가 되었습니다. 여러분이 이 과정에서 학습한 내용을 통합적으로 활용할 수 있을 때 비로소 긍정심리학을 지식으로만 아는 초보자에서 긍정심리학을 활용할 줄 아는 전문가로 성장할 수 있습니다. 이번 주를 통해 여러분의 배움이 이 과정의 종료와 함께 끝나지 않을 것이라는 것을 알기에 마음이 뿌듯하다는 말씀을 드리고 싶습니다. 안타깝게도 많은 긍정심리학 과정과 프로그램들은 넓은 범위의 주제를 다루지만 계속적인 전문성 개발이나 최신 연구를 반영하는 정보를 제공하지 않습니다. 긍정심리학은 과학이고 그 자체로 역동적인 지식체계이기 때문에 새로운 연구 결과가 끊임없이 나옵니다. 주기적으로 긍정심리학의 발달에 따른 지식을 업데이트하고 새로운 기술들을 익히는 자세가 중요합니다. 이번 주에는 긍정심리학의 최신 지식과 기술을 따라가는 것이 왜 중요한지 그리고 구체적으로 어떻게 할 수 있는지를 다루게 됩니다. 기쁜 소식은 여러분이 이미 준비가 되어있다는 사실입니다. 이 과정의 내용을 따라가면서, 제안된 활동을 실천하고 있다면 이미 긍정심리학의 다음 단계로 넘어갈 준비가 되어있다는 것입니다.

여러분이 얼마나 많이 성장했는지 확인하기 위해 1주차로 돌아가서 작성했던 질문에 대한 답들을 다시 한 번 보겠습니다. 그 주에 긍정심리학의 어떤 특징에 관심을 갖고 있는지, 긍정심리학에 대해 갖고 있는 우려나 회의적인 생각은 무엇인지, 본 과정을 통해 얻어가고자 하는 내용이 무엇인지에 대한 질문 목록을 작성했었습니다. 이제 여러분이 학습한 것에 대해 평가해볼 수 있는 좋은 기회가 왔습니다. 여러분이 갖고 있던 회의적인 생각에 대해서는 답은 찾았나요? 호기심 어린 질문들에 대한 답을 얻었나요? 설정한 목표는 달성되었나요? 시간을 갖고 이 질문들에 대한 답을 곰곰이 생각해보십시오. 아직 답을 찾지 못한 채로 남겨진 질문에 대해서는 여러분 자신이 앞으로 답을 모색해볼 수 있는 흥미로운 길이 열려 있습니다.

전문성 개발: 훌륭한 긍정심리학 프랙티셔너 되기

코치, 변호사, 심리치료사 등 다수의 전문가들은 전문성 개발의 중요성을 확신하고 있습니다. 간단히 말해서 전문성 개발은 새로운 기술을 익히고 전문지식을 업데이트 하기 위해 계속 노력하는 것을 의미합니다. 대다수 직업은 높은 수준의 역량과 업무를 유지하기 위한 지속적인 교육을 필수 요건으로 삼고 있습니다. 지속적인 교육은 경력 개발을 위한 합리적인 접근이면서, 책임감 있는 업무수행으로 이어집니다. 그렇지만 지속적인 교육이 과연 책임 있는 업무실행을 하던 사람이 독보적인 업무실행에 도전하게 할 만큼 충분한지에 대해서는 의문입니다. 어느 직업에서의 탁월함은 타고난 재능에서부터 업무 경험 및 혁신에 이르기까지 다양한 요소들의 조합으로 발휘됩니다. 여러분 자신의 전문성 개발은 단순히 새로운 방식을 간간히 받아들이는 수준으로 끝나서는 안 된다고 말씀 드리고 싶습니다. 오히려, 혁신과 전략이 여러분의 업무에 미칠 효과에 대해 깊이 생각해보시길 바랍니다.

사람들은 보통 업무활동을 고려할 때, 직무기술서와 할당된 업무에 대해서만 깊이 생각하는 경향이 있습니다. 혁신에 대해 깊게 생각하지 않습니다. 혁신은 보통 과학, 의학, 기술에만 해당되는 단어라고 생각합니다. 그러나 혁신은 전문성의 수준을 높이는 주요한 통로이며, 긍정심리학의 철학적인 면과 긴밀하게 연관되어 있습니다. 긍정심리학 적용에 탁월한 사람들은 기존의 진단과 심리개입을 혼합하거나 독창적인 방법으로 활용합니다. VIA 성격강점검사의 예를 들면 많은 사람들이 성격강점검사를 통해 클라이언트의 5가지 특징적인 강점을 확인하고, 이를 활용하는 방식을 택하고 있습니다. 이런 보편적인 접근은 합리적이고 효과적이기도 하지만 긍정심리학의 최신 실천사항을 반영하지는 않습니다. 여러분이 '잠재' 또는 '잠복'되어 있는 또 다른 5가지 강점에 집중한다면 어떨까요? 특정 강점들의 조합에 관심을 갖고 어떤 조합이 서로 잘 어울리는지 살펴볼 수도 있겠지요. VIA 성격강점검사에 없는 강점을 찾아내서 클라이언트에게 적용해볼 수 있는 방법을 고려해보는 건 어떨까요? 긍정심리학을 적용할 때 전문가가 안내해 주는 것을 기다리기보다는 주도적으로 창의성을 발휘해보기를 권합니다. 이를 통해 여러분이 계속 새로운 마음으로 일에 몰두할 수 있다는 사실은 혁신이 주는 또 다른 혜택입니다.

물론 혁신은 말처럼 쉽지 않습니다. 만약에 혁신이 단순한 것이라면 우리는 직장에서 매주 큰 이득을 얻을 수 있을 것입니다. 매주 또는 격주로 혁신을 위한 시간을 따로 내어보세요. 30분 정도의 짧은 시간 이어도 상관없습니다. 출근하는 차 안에서 할 수도 있고, 여러분이 아이디어를 함께 공유하기 좋아하는 창의적인 동료들과 주 단위로 전화통화를 해볼 수도 있겠죠. 저는 두 가지 방법을 다 사용해본 경험이 있는데, 모두 효과적이었습니다. 보통 저는 다른 분야 전문가들의 의견을 듣거나 인기 서적 또는 전문 학술지에서 읽은 새로운 아이디어를 살펴보거나 새로운 시장, 새로운 서비스 방식 등 사업 성장을 위한 아이디어를 검토하는 방식으로 혁신을 위한 시간을 마련했습니다. 일단, 여러분 자신의 혁신시간에 메모와 브레인스토밍을 하면서 실현가능성에 대한 걱정 없이 마음껏 창의적인 생각들을 펼쳐보세요. 여러분이 낸 아이디어의 가치에 대한 평가는 나중에도 얼마든지 할 수 있기 때문입니다.

6.1 혁신, 새로운 길 모색하기

지금까지 우리가 다뤘던 긍정심리학의 각 주제를 다시 차근차근 떠올려 보세요. 앞으로 몇 주 동안 매주 한 가지 내용을 선택해서 생각해보는 시간을 가져보면 어떨까요? 배운 것을 클라이언트에게 어떻게 창의적으로 적용해볼 수 있을지를 생각해볼 수도 있습니다. 워크숍, 온라인 강좌 혹은 컨설팅과 같은 프로그램과 묶어서 무언가 새로운 아이디어를 떠올릴 수도 있을 것입니다. 또 긍정에 대한 연구 결과를 새롭게 활용하는 방법이나 희망 이론을 특별히 유용하게 활용하는 방법을 찾을 수도 있습니다. 중요한 점은 어떤 방법으로 든 긍정심리학의 즐거움과 역동성을 이용해서 여러분의 일을 한 단계 발전시키는 일입니다. 여러분이 생각하는 새로운 방안을 아래 공란에 적어보세요.

우리가 고려해야 할 또 다른 전문성 개발 영역은 바로 '전략' 분야입니다. 많은 전문가들이 새로운 기법을 알려 주는 워크숍과 교육에 참여합니다. 일반적으로 최신 기법과 가장 인기 있는 새로운 전문적인 방법은 교육을 통해 배울 수 있습니다. 그러나 이러한 과정은 사람들에게 새로운 기법을 어떻게 그리고 언제 이용해야 하는지는 알려주지 않습니다. 단순히 새 도구를 건네주고, 사람들이 그것을 언제 어디서 사용하는 것이 가장 좋은지는 스스로 알아낼 것이라 생각합니다. 긍정심리학자 배리 슈워츠도 어떻게 사람들이 자신의 강점을 활용하는가에 대해 비슷한 비판을 제기합니다. 슈워츠는 개인이 미덕을 갖추고 활용하는 것과 이를 언제, 어떻게 활용하고, 언제 활용을 자제해야 하는지를 아는 일은 지극히 다른 문제라고 말합니다. 즉, 용기 있음과 그 용기를 언제 발휘해야 가장 좋고, 언제 다른 강점을 대신 활용해야 할지를 아는 것은 또 다른 이야기라는 뜻입니다. 배리 슈워츠에 따르면 성공의 비밀은 '현실적인 지혜'라고 말합니다. 현실적인 지혜란 우리가 타고난 재능과 재주를 최적으로 사용하는 방법을 알려주는 메타 기술이라고 할 수 있습니다. 축적된 경험을 통해 우리는 긍정심리학의 어떤 면이 어떤 유형의 클라이언트와 잘 맞을지를 알게 되고, 언제 강점 대신 약점에 대해 이야기하면 좋을지도 깨닫게 됩니다. "망치만 있는 이에게는 모든 것이 못으로 보인다"라는 오래된 속담을 기억하면 도움이 됩니다. 긍정심리학은 훌륭한 연장이 될 수 있지만, 그렇다고 유일한 도구가 되어서는 안됩니다. 다시 말해 긍정심리학은 이미 우리가 활용하는 기법과 더불어 활용할 수 있는 멋진 도구가 될 수 있지만, 반드시 기존의 것들을 대체할 목적은 아님을 강조하고 싶습니다. 긍정심리학의 어떤 점이 언제 효과를 낼 수 있는지를 알고 있다면, 축적된 지혜를 통해 우리는 긍정심리학을 전략적으로 활용할 수 있을 것입니다.

긍정심리학 따라잡기

긍정심리학이 개인의 강점을 활용해야 하며, 행복이 매우 유익하다고 이야기하는 철학이라 할지라도 그 또한 과학입니다. 과학이기 때문에 긍정심리학은 역동적인 지식의 모음이라 할 수 있습니다. 매달 새로운 연구 결과물들이 발행되고, 이론들이 소개되며, 응용 프로그램들이 나오고 있습니다. 긍정심리학을 일에 활용할 때 가장 중요한 고려 요소 중 하나는 바로 최근에 나온 내용들을 놓치지 않고 따라가는 자세입니다. 대부분의 사람들이 어디서 새로운 정보를 찾아야 하고, 언제 발행

물을 찾아보아야 할 지를 잘 모릅니다. 대부분의 과학적 논문들은 복잡한 통계 분석으로 구성되어 있습니다. 긍정심리학의 새로운 흐름을 계속 따라가기 위해서는 나의 일에 적합하고 내가 이해할 수 있는 언어로 작성된 정보를 어디서 찾을 수 있는지를 알아야 합니다. 다행히 긍정심리학에 관심이 있는 사람들과 교류하면서, 이 분야의 최신 내용을 배울 수 있는 많은 좋은 자원들이 있습니다.

온라인 자료

긍정심리학 연구와 적용 방법에 대해 토론하는 온라인 포럼뿐만 아니라 최신 연구의 요약 버전들을 제공하는 다양한 웹 사이트가 있습니다.

CAPP(www.cappeu.com)에서는 긍정심리학 뉴스레터(Positive Psychology Bulletin)를 매달 무료로 받아보는 서비스를 신청할 수 있으며, 다른 자원들 또한 이용 가능합니다.

• CAPP, The Centre for Applied Positive Psychology(www.cappeu.com)

CAPP는 긍정심리학 연구를 발전시키고 전파하며, 그에 대한 적용을 개발하고 촉진하는 기관입니다. 웹 사이트에서는 교육, 컨퍼런스, 이용자 포럼 등에 대한 정보를 제공합니다. www.cappeu.com

• The Positive Psychology Centre(www.ppc.sas.upenn.edu)

이 웹사이트는 마틴 셀리그만의 홈페이지이며 긍정심리학의 역사, 최신 이벤트, 자료에 대한 정보를 제공합니다.

• VIA (www.viacharacter.org)

이 웹 사이트는 Values in Action Institute의 공식 홈페이지로서, VIA 강점 분류표에 대한 개발을 주도하는 비영리 기관입니다.

- Friends of Positive Psychology (Positive Psychology List Serve)

긍정심리학에 대해 가장 크고 종합적인 온라인 포럼을 제공합니다. 회원가입은 무료입니다. http://lists.apa.org/cgi-bin/wa.exe?A0=FRIENDS-OF-PP

- Authentic Happiness (www.authentichappiness.com)

마틴 셀리그만의 책 '마틴 셀리그만의 긍정심리학(Authentic Happiness)' 의 출간과 함께 공식적으로 문을 연 웹사이트입니다. 긍정심리학에 대한 다양한 뉴스와 책 추천, 정보들을 제공합니다.

- Positive Psychology News Daliy(www.pos-psych.com)

미국 펜실베니아 대학의 긍정심리학 응용 프로그램의 권위 있는 석사 졸업생에 의해 자주 업데이트 되는 온라인 신문입니다. Daily News 코너에서는 코칭, 컨퍼런스, 책 리뷰에 대한 특징과 해설이 제공됩니다.

- The European Network for Positive Psychology(www.enpp.eu)

긍정심리학에 관심있는 유럽 전문가들의 네트워크를 위한 웹 사이트입니다. 유럽에서 열리는 종합적인 미팅, 교육, 컨퍼런스에 대한 정보가 제공됩니다.

- International Positive Psychology Association(www.ippanetwork.org)

세계 긍정심리학회 사이트입니다. 다양한 연구자료와 세계 긍정심리학 컨퍼런스 정보를 얻을 수 있습니다.

- 연구자들의 홈페이지

대학 학부 웹사이트를 방문하여 PDF형태의 최신 연구자료와 무료 평가 툴을 받을 수 있습니다. 에드 디너, 소냐 류보머스키, 켄 셸던 이외에도 또 다른 호기심을 자극하는 연구자들을 찾아보세요.

출간 자료

긍정심리학에 대한 출판물은 최근 작은 산업이 되었습니다. 매년 새로운 제목과 새로운 관점, 새로운 방식으로 적용된 긍정심리학이 도입된다는 사실을 알 수 있습니다. 아래 목록은 단지 몇 가지 특별한 자료로만 한정되어 있습니다.

• Average to A+(알렉스 린리, 2008)

이 책은 다양한 삶의 영역에서 강점을 지적으로 풍부하게 살펴보고 적용할 수 있도록 도와 줍니다. 알렉스 린리는 VIA 강점 평가를 넘어 강점에 대한 정의, 측정, 활용까지 종합적으로 다루고 있습니다.

• 긍정심리학(Authentic Happiness, 마틴 셀리그만, 2009)

이 책으로 긍정심리학이 시작되었다고 해도 과언이 아니지요. 마틴 셀리그만은 강점기반의 관점을 보여주고, 긍정심리학의 철학에 대한 개인적인 그의 여정과 기초를 형성하는 흥미진진한 과학에 대해 설명합니다. 이 책에서는 긍정심리학 실행 사례, 팁, 과제, 적용 등을 제공하고 있습니다.

• 행복의 가설(The Happiness Hypothesis, 존 하이트, 2010)

버지니아 대학의 연구자인 하이트는 오랜 시간에 걸쳐 검증된 몇 가지 중요한 개념에 대해 설명합니다. 그는 동양 철학, 서양 종교, 현대 과학 등 다양한 자료들을 다룹니다. 그의 읽기 쉬운 문체는 머리 아프지 않게 지식을 넓히고 싶은 사람들에게는 완벽한 책이 될 것입니다.

• 긍정심리학 코칭(Positive Psychology Coaching, 로버트 비스워스 디너, 벤 딘, 2009)

이 책은 긍정심리학 코칭 분야에서 매우 영향력 있는 책입니다. 이 책은 긍정심리학과 코칭 분야가 결합된 첫 번째 책으로, 코칭에 적용하기 위한 긍정심리학의 광범위한 개요뿐만 아니라 다양한 실제적인 제안들도 제시하고 있습니다.

• 당신은 완전히 충전됐습니까? (How Full is Your Bucket?, 톰 래스, 돈 클립톤, 2015)
갤럽의 전 CEO와 그의 손자가 쓴 이 얇은 책은 가볍지만 강력한 책입니다. 일과 관련하여 누군가를 코칭하고 있는 사람들에게 이 책은 필수입니다. 톰 래스와 돈 클립톤은 어떻게 긍정심리학이 일에 적용될 수 있는지, 왜 필요한지에 대해 쉽게 풀어 설명합니다.

직접 참여할 수 있는 기회

긍정심리학 분야에서 매년 열리는 다양한 컨퍼런스, 주말 교육과정, 전화 수업, 수료 프로그램들이 있습니다. 이는 자주 변경되고 이와 관련된 정보를 얻을 수 있는 가장 좋은 방법은 위에서 제시한 온라인 웹사이트 검색입니다. CAPP는 위에서 언급한 최신 뉴스레터와 다양한 긍정심리학 발전 내용을 제공하며, 긍정심리학의 각종 웹사이트에 링크되어 있습니다.

책임감 있는 긍정심리학 홍보

지나친 일반화일 수도 있지만, 긍정심리학에서는 크게 두 그룹의 사람들이 있습니다. 첫 번째 그룹의 사람들에게 긍정심리학은 신선한 공기를 호흡하는 것과 같습니다. 긍정심리학은 그들이 소중하게 생각하는 긍정적인 삶에 대한 언어, 철학, 긍정적 삶에 대한 명백한 증거를 제공해 줍니다. 이러한 사람들에게 긍정심리학은 명확한 통찰과 같습니다. 여러분이나 여러분의 클라이언트가 이 첫 번째 그룹에 속한다면, 여러분도 긍정심리학에 대해 따로 '홍보'할 필요가 없는 사람들입니다. 다시 말해서 첫 번째 그룹은 긍정심리학이 세상을 보는 가치 있는 시각이라고 설득하는 데 시간이 얼마 걸리지 않는다는 뜻입니다. 또 다른 그룹은 긍정심리학에 대해 다소 회의적인 사람들입니다. 그들은 생산성과 순익을 염려하는 관리자 또는 코칭 클라이언트들이 될 수 있습니다. 게다가 긍정심리학이 생산성이나 순익과 직접적으로 연관된다는 증거를 원할 것입니다. 이러한 그룹에 접근하는 가장 좋은 방법은 그들이 원하는 결과를 알고, 그 시장을 이해하는 것입니다. '일터에서 행복 만들기' 대신에 '직원 몰입도 향상'이라고 말할 수 있고, '이직률과 병가'는 직접 '직원 복지'로 연결시키며, '희망'은 '성과지향에 대한 끈기'로 바꾸어 표현할 수 있습니다. 하지만 단순히 언어를 바꾸어 접근하는 기술이 전부가 아닙니다. 정말 중요한 사안은 연구 결과가 여러분의 말을 뒷받침해주고 있음을 기억하는 일입니다. 어떤 용어를 사용하든 긍정심리학이 효과적이라는 것은 연구 결과를 바탕으로 한 설득력 있는 사실입니다.

마치며

마침내 여러분은 긍정심리학에 대한 관심 있는 사람이 여러분만이 아니라는 것을 알고 안심할 수 있게 되었습니다. 긍정심리학은 삶에 대한 새로운 방향이며, 그에 대한 관심도도 지속적으로 증가하고 있습니다. 긍정심리학은 점점 더 많은 전문가들이 유망한 분야로 인식하고 있으며, 많은 사람들이 긍정심리학 과정을 수료하거나 이 주제들에 대한 책을 구입하고 있습니다. 여러분은 운이 참 좋은 편입니다. 왜냐하면 긍정심리학을 다소 일찍 접했지만 그렇다고 너무 이른 시기는 아니어서 이 분야의 정당성을 확립하기 위해 고군분투할 필요가 없기 때문입니다. 인터넷 포럼이나 컨퍼런스를 통해 자신의 학습활동과 아이디어를 공유하고자 하는 열정적이고 밝은 사람들과의 커뮤니티에 참여할 수 있다는 사실을 기억하세요. 여러분은 긍정심리학을 배우고, 필요에 맞게 이를 조정하여 새로운 방식으로 적용해볼 수 있는 완벽한 조건을 갖추었습니다.

여러분은 6주간의 과정이라는 긴 시간을 달려왔습니다. 그 동안 새로운 정보들을 접하였고, 실제 삶의 상황에서도 적용해보았습니다. 바라건대, 긍정심리학을 배우면서 여러분이 사람들과 세상에 대해 생각하는 방식이 변화되었기를 바랍니다. 또 여러분이 어느 때보다 강점과 성공에 더 관심을 기울이면서, 행복과 낙관주의에 보다 더 큰 가치를 두게 되었기를 바랍니다. 여러분이 효과적인 질문, 긍정적 관점, 과학적으로 검증된 심리개입으로 무장되었다면, 자신의 일에도 긍정심리학을 적용할 준비가 되었을 것입니다. 이는 정말 신나는 순간입니다. 행운을 빕니다.

6.2 돌아보기

1주차로 한 번 돌아가 보세요. 훈련내용을 다시 짚어보고, 그 당시에 작성한 '미리 보기' 부분을 검토해보세요. 먼저 이 과정을 시작했을 때와 비교하여 현재의 기술과 지식 수준을 비교평가 해보세요. 여러분이 성취한 내용, 그리고 여전히 배우거나 성취하고 싶은 내용들을 현실적으로 생각해보세요. 과정에 대해 마지막으로 정리해보는 활동으로 아래의 4가지 사항에 답해보세요.

1. 나는 이 과정을 통해 긍정심리학과 그 적용에 대해 다음과 같은 내용들을 배웠습니다.

2. 나는 그 결과로 내 업무에 긍정심리학을 다음과 같이 활용했습니다.

3. 내가 더 배우고 싶거나 배울 필요가 있다고 생각하는 부분은 다음과 같습니다.

4. 위의 내용을 배우기 위해 나는 앞으로 다음과 같은 일들을 할 예정입니다.

마지막 과정 평가

나의 삶에서 일과 관련된 문제들을 생각해보세요. 심리치료사, 교사, 코치 또는 다른 전문가이든 상관 없습니다. 이 과정에서 다룬 모든 것들을 생각하여 일과 관련된 문제에 긍정심리학 이론, 평가, 개입을 어떻게 적용할지 적어보세요. 예를 들어 코치라면 특정 클라이언트에 따라 어떻게 적용할지, 그 이유는 무엇인지, 혹시 상황에 맞게 조정해야 할 사항이 있다면 무엇인지, 의도적으로 사용하지 않으려는 특정 기술이나 개념이 있다면 왜 그런지 등을 풀어서 설명해 주세요. 600자 이내로 자신의 생각을 아래 공란에 적어보세요. 정답과 오답은 없습니다. 단지 여러분이 배운 내용을 통합하고 접목할 수 있는 기회가 되었으면 합니다.

추가 읽을거리

1주차

1. Baumeister, R. F., Bratslavsky, E., Finkenaeur, C., & Vohs, K. (2001). Bad is stronger than good. General Review of Psychology, 5, 323-370.
2. Maslow, A. (1954). Motivation and personality. New York: Harper.
3. Clifton, D. & Harter, J. K. (2003). Investing in strengths. In K. S. Cameron, J. S. Dutton, & R. E. Quinn, (Eds), Positive organizational scholarship: Foundations of a new discipline, (pp. 111-121). San Francisco, CA: Berrett-Koehler Publishers.
4. Kim Berg, I. & Szabo, P. (2005). Brief coaching for lasting solutions. New York: Norton.
5. Linley, A. & Page, N. (2007). Playing to one's strengths. HR Director (Aprill).
6. Lyubomirsky, S., King, L., & Diener, E. (2005). The benefits of frequent positive affect: Does happiness lead to success? Psychological Bulletin, 131, 803-855.
7. As #3
8. As #3
9. Frisch, M. (2006). Quality of life therapy: Applying a life satisfaction approach to positive psychology and cognitive therapy. Hoboken, NJ: Wiley.

2주차

1. Isen, A. M., & Levin, P. F. (1972). The effect of feeling good on helping: cookies and kindness. Journal of Personality and Social Psychology, 17, 107-112.
2. Isen, A., Daubman, K. A., & Nowicki, G. P. (1987). Positive affect facilitates creative problem solving. Journal of Personality and Social Psychology, 21, 384-388.
3. Fredrickson, B. L. (2001). The role of positive emotions in positive psychology: The Broaden-and-Build theory of positive emotions. American Psychologist, 58, 218-226.
4. Ito, T. A., & Cacioppo, J. (2001). The psychophysiology of utility appraisals. In D. Kahneman, E. Diener, & N. Schwarz (Eds.), Well-being: The foundations of hedonic psychology (pp. 470-488). New York: Russell Sage Foundation.
5. Lyubomirsky, S., King, L., & Diener, E. (2005). The benefits of frequent positive affect: Does happiness lead to success? Psychological Bulletin, 131, 803-855.

3주차

1. Seligman, M. E. P., Steen, T., Park, N., & Peterson, C. (2005). Positive psychology progress: Empirical validation of interventions. American Psychologist, 60, 410-421.
2. Clifton, D. & Harter, J. K. (2003). Investing in strengths. In K. S., Cameron, J. E. Dutton, & R. E. Quinn, (Eds), Positive organizational scholarship: Foundations of a new discipline (pp. 111-121). San Francisco, CA: Berrett-Koehler Publishers.
3. Rath, T., & Clifton, D. (2004). How full is your bucket? Positive strategies for work and life. New York: Gallup Press.
4. Emmons, R. A. (2007). Thanks! How the new science of gratitude can make you happier. New York: Houghton-Mifflin.
5. Bryant, F. B., Smart, C. M., & King, S. P. (2005). Using the past to enhance the present: Boosting happiness through positive reminiscence. Journal of Happiness Studies, 6, 227-260.
6. Bryant, F. B. & Veroff, J. (2007). Savoring: A new model for positive experience. Mahwah, NJ: Erlbaum.
7. Pennebaker, J.W. (1997). Opening up: The healing power of expressing emotion. New York: Guilford Press.
8. King, L.A. (2001). The health benefits of writing about life goals. Personality and Social Psychology Bulletin, 27, 798-807.
9. Lyubomirsky, S., Sousa, L., & Dickerhoof, R. (2006). The costs and benefits of writing, talking, and thinking about life's triumphs and defeats. Journal of Personality and Social Psychology, 90, 692-708.
10. Otake, K., Satoshi, S., Junko, T., Kanako, O., & Fredrickson, B. (2006). Happy people become happier through kindness: A counting kindnesses intervention. Journal of Happiness Studies, 3, 361-375.
11. Silberman, J. (2007). Positive intervention self-selection: Developing models of what works for whom. International Coaching Psychology Review, 2, 70-77.
12. Lyubomirsky, S. (2008). Personal communication.

4주차

1. Linley, A. (2008). Average to A+: Realising strengths in yourself and others. Coventry, UK: CAPP Press.
2. Clifton, D. & Harter, J. K. (2003). Investing in strengths. In K. S., Cameron, J. E. Dutton, & R. E. Quinn, (Eds), Positive organizational scholarship: Foundations of a new discipline (pp. 111-121). San Francisco, CA: Berrett-Koehler Publishers. A strengths focus 83
3. Linley, A. (2008). Average to A+: Realising strengths in yourself and others. Coventry, UK: CAPP Press.
4. Peterson, C. (2006) A primer in positive psychology. New York: Oxford University Press.
5. Rath, T., & Clifton, D. (2004). How full is your bucket? Positive strategies for work and life. New York: Gallup

Press.
6. Allport, G. W. (1966). Traits revisited. American Psychologist, 21, 1-10.
7. Cattell, R. B. (1945). The principal trait clusters for describing personality. Psychological Bulletin, 42, 129-161.
8. Rath, T. (2007). Strengths Finder 2.0. New York, NY, US: Gallup Press.
9. Linley, A. (2008). Average to A+: Realising strengths in yourself and others. Coventry, UK: CAPP Press.
10. Peterson, C., & Seligman, M. E. P. (2004). Character strengths and virtues: A handbook and classification. New York: Oxford University Press.
11. Same as #10.
12. Park, N., Peterson, C., & Seligman, M.E. P. (2006). Character strengths in fiftyfour nations and the fifty US states. Journal of Positive Psychology, 1, 118-129.
13. Matthews, M. D., Eid, J., Kelly, D., Bailey, J.K.S., & Peterson, C. (2006). Character strengths and virtues of developing military leaders: An international comparison.Military Psychology, 18, 57-68.
14. Peterson, C., Ruch, W., Beermann, U., Park, N., & Seligman, M. E. P. (2007). Strengths of character, orientations to happiness, and life satisfaction. Journal of Positive Psychology, 2, 149-156.
15. Peterson, C., Park, N., & Seligman, M. E. P. (2006). Greater strengths of character and recovery from illness. Journal of Positive Psychology, 1, 17-26.
16. Peterson, C. & Park. N. (2006). Character strengths in organizations. Journal of Organizational Behaviour, 27, 1149-1154.
17. Seligman, M. E. P., Steen, T., Park, N., & Peterson, C. (2005). Positive psychology progress: Empirical validation of interventions. American Psychologist, 60, 410-421.

5주차

1. Gilbert, D. (2006). Stumbling on happiness. New York: Knopf.
2. Segerstrom, S., & Nes, L. (2006). When goals conflict but people prosper: The case of dispositional optimism. Journal of Research in Personality, 40, 675-693.
3. Aspinwall, L., & Richter, L. (1999). Optimism and self-mastery predict more rapid disengagement from unsolvable tasks in the presence of alternatives. Motivation and Emotion, 23, 221-245.
4. Diener, E., & Fujita, F. (1995). Resources, personal strivings, and subjective well-being: Anomothetic and idiographic approach. Journal of Personality and Social Psychology, 68, 926-935.
5. Matlin, M., & Gawron, V. (1979). Individual differences in Pollyannaism. Journal of Personality Assessment, 43, 411-412.
6. Lyubomirsky, S., King, L., & Diener, E. (2005). The benefits of frequent positive affect: Does happiness lead to

success? Psychological Bulletin, 131, 803-855.

7. Novemsky, N., & Kahneman, D. (2005). The boundaries of loss aversion. Journal of Marketing Research, 42, 119-128.
8. Snyder, C. R. (1994). The psychology of hope: You can get from there from here. New York: Free Press.
9. Emmons, R. (1999). The psychology of ultimate concerns: Motivation and spirituality in personality. New York: Guilford Press.
10. Jackson, P Z. & McKergow, M. (2007). The solutions-focus: Making coaching ad change simple (2nd ed.). London: Nicholas Brealey.
11. Baylis, N. (2005). Learning from wonderful lives: Lessons from the study of wellbeing brought to life by the personal stories of some much admired individuals. Cambridge, UK: Cambridge Well-Being Books.

심화 읽을거리

1주차

1. Seligman, M.E.P. (2002). Authentic Happiness: Using the new positive psychology to realize your potential for lasting fulfillment. New York: Free Press.
2. Rath, T. & Clifton, D. O. (2004). How full is your bucket? Positive strategies for work and life. New York: Gallup Press.
3. Special Issue of American Psychologist (Vol. 55, Issue 1) on Positive Psychology, January 2000.
4. Linley, P. A., Joseph, S., Harrington, S., & Wood, A. M. (2006). Positive psychology: Past, present, and (possible) future. Journal of Positive Psychology, 1, 3-16.

2주차

1. Frisch, M. B. (2006). Quality of life therapy: Applying a life satisfaction approach to positive psychology and cognitive therapy. Hoboken, NJ: Wiley.
2. Lyubomirsky, S. (2008). The how of happiness: A practical guide to getting the life you want. New York: Penguin Press.

3주차

1. Emmons, R. A. (2007). Thanks! How the new science of gratitude can make you happier. New York: Houghton-Mifflin.
2. Lyubomirsky, S., Sousa, L., & Dickerhoof, R. (2006). The costs and benefits of writing, talking, and thinking about life's triumphs and defeats. Journal of Personality and Social Psychology, 90, 692-708.
3. Lyubomirsky, S. (2008). The how of happiness: A scientific approach to getting the life you want. New York: Penguin.

4주차

1. Buckingham, M., & Clifton, D. O. (2001). Now, discover your strengths. New York: Simon & Schuster.
2. Linley, A. (2008). Average to A+: Realising strengths in yourself and others. Coventry, UK: CAPP Press.
3. Peterson, C., & Seligman, M. E. P. (2004). Character strengths and virtues: Ahandbook and classification. New York: Oxford University Press.

5주차

1. Seligman, M.E.P. (1991). Learned optimism. New York: Knopf.
2. Snyder, C.R. (1994). The psychology of hope: You can get from there to here. New York: Free press.
   Special note: I spent the bulk of this week discussing Snyder's work, in large part because his theory is simple, attractive, and easy-to-use. Seligman has also written a very fine book and for those of you wanting to dig a little deeper or see the topic presented in a different way I recommend this book.